Educar
sin culpa

Educar sin culpa

Optimismo y entusiasmo para padres y docentes

Alejandro De Barbieri

VERGARA

Educar sin culpa
Optimismo y entusiasmo para padres y docentes

D. R. © 2014, Alejandro De Barbieri

Primera edición en Uruguay: noviembre, 2014
Primera edición en México: junio, 2018

D. R. © 2014, de la presente edición:
Penguin Random House
Editorial Sudamericana Uruguaya S.A.
Yaguarón 1568 C.P. 11.100
Telefax: 29013668
prensauy@penguinrandomhouse.com
www.megustaleer.com.uy

D. R. © 2018, derechos de edición mundiales en lengua castellana:
Penguin Random House Grupo Editorial, S. A. de C. V.
Blvd. Miguel de Cervantes Saavedra núm. 301, 1er piso,
colonia Granada, delegación Miguel Hidalgo, C. P. 11520,
Ciudad de México

www.megustaleer.mx

Diseño de tapa: Anabella Corsi
Fotos de portada: iStock

ISBN: 978-607-316-760-4

Impreso en México – *Printed in Mexico*

El papel utilizado para la impresión de este libro ha sido fabricado a partir de madera procedente
de bosques y plantaciones gestionadas con los más altos estándares ambientales, garantizando
una explotación de los recursos sostenible con el medio ambiente y beneficiosa para las personas.

Penguin
Random House
Grupo Editorial

A Marcela, mi primer tú, gracias por tu diálogo, por tu facilidad de silencio y de palabra.

A Martina y María Belén, las horas que dedicamos a la paternidad me han hecho mejor persona, padre y docente.

Al abuelo Tata y la abuela Pompa, porque me transmitieron —no sé cómo— su vocación de maestros.

A mis padres, Juanita y Batty, porque me transmitieron —sí sé cómo— su vocación de educar y frustrar amorosamente.

A mis alumnos y pacientes, por enseñarme las tres virtudes pedagógicas: la templanza, la paciencia y la esperanza.

Al "espíritu vivo" del docente, maestro, colega y amigo Lucas del Valle[1]; me enseñó el arte de enseñar con buen humor y alegría.

---

1. Sacerdote dominico, psicólogo existencial y autor de *Notas para adictos: de la dependencia a la libertad*. Trabajó por más de veinte años en el acompañamiento y recuperación de adictos. Docente en la Universidad Católica y párroco de la iglesia Nuestra Señora del Rosario y Santo Domingo en Montevideo. Falleció en 2014.

A fin de cuentas, todo lo que enseño lo aprendí de mis pacientes.
Lo menos que puedo hacer para saldar mi deuda con ellos es impedir que otras personas se conviertan en pacientes.

Viktor E. Frankl

El educador tiene que ejercer su autoridad, lo que en ocasiones hará que caiga antipático, pero debe serlo, porque educar, en buena medida, es frustrar.

Fernando Savater

ME DUELES, LUEGO EXISTO[1]

Me duele la realidad de las familias, la sociedad en que vivimos, de adicciones, depresiones y vacío existencial. Me duele la apatía, la falta de interés por el otro y que vivamos anestesiados, conformándonos con que "el mundo es así" y sin confiar en nuestra capacidad para cambiarlo ni en nuestra responsabilidad para con el futuro.

Este libro no fue escrito en una oficina o encerrado en un consultorio. En los últimos años, no solo he recorrido Uruguay y viajado por América Latina (Brasil, Perú, Argentina, México y Guatemala) trabajando con padres y docentes, sino que he sido coordinador, junto a Marcela Arocena, del Centro de Logoterapia y Análisis Existencial, CELAE[2]. Esto me ha permitido conocer alegrías y dolores, pero, sobre todo, me ha hecho notar cómo la consulta psicológica ha crecido notablemente. Esto tiene sus ventajas y desventajas. Una de las ventajas es que ha derrumbado el mito de que "el que va al psicólogo es porque está loco", la gente consulta sin miedo. Pero sin darnos cuenta –y he aquí la desventaja– esta consulta, muchas veces, ha terminado siendo inoperante o poco efectiva.

La explicación es que cuando los padres consultan por algún motivo como enuresis, falta de límites o falta de concentración, lo

---

1. Díaz Hernández, Carlos. *Valores y Logoterapia: encuentro entre el personalismo y Viktor Frankl*. Edición del autor, México, 2013, pág. 135.

2. Centro que se dedica a la difusión, asistencia y docencia de la Logoterapia de Viktor Frankl y de todo el modelo humanista-existencial en psicología y su desarrollo en las áreas clínica, educacional y organizacional.

hacen desde la aceptación implícita de que ellos no saben lo que le pasa a su hijo y que hay un otro —el psicólogo— que sí sabe y se lo va a decir o aplicará la técnica adecuada. Este modelo "técnico" de acercamiento a los padecimientos, más o menos comunes, del educar tiene como riesgo el que los padres y educadores renunciemos a nuestro rol.

Me duele que los padres no estemos convencidos de que nosotros somos los primeros expertos, que el docente no esté convencido de que él es el primer (o segundo) experto en el proceso de educar. Por ello, escribo este libro con un sentimiento de rebeldía, con el deseo de ayudar a padres y educadores a recuperar su rol en la vida de sus hijos y, por lo tanto, para ayudar también a los docentes a cambiar la realidad de nuestra sociedad y de nuestro país.

Busco ayudar a que los padres y los docentes tengan la experticia necesaria para educar. No quiere decir que dejen de consultar ni que los diversos terapeutas no debamos intervenir. Pero nuestra intervención pierde efectividad si no incluimos a los padres y educadores y, por transitiva, si los padres y educadores "aparecen a tiempo", quizás no se precise nuestra intervención.

Debemos volver a confiar en nuestra experticia para dejar de renunciar a nuestra responsabilidad y tomar la vida en nuestras manos. Solo así seremos adultos y educaremos niños y adolescentes libres y responsables. Si esto no nos duele, seguiremos año tras año lamentando pasivamente las cifras de suicidio, depresión, adicciones, viendo "el mundo pasar" sin creer que nosotros mismos, no solo padres y educadores, sino políticos, empresarios, la sociedad toda está involucrada y comprometida con un cambio de actitud. En el fondo, se trata de salir de la actitud de víctima y ser protagonista de nuestra propia vida.

Este libro es una apuesta a la "psicología preventiva", al trabajo silencioso de distintos actores de nuestra sociedad, una vuelta a los valores elementales de la educación, como el preservar la vida, el querer lo mejor para los hijos, el frustrarse para poder caminar y, especialmente, una apuesta por sostenernos en este tiempo de aislamiento existencial. Recuperando el resquebrajado entramado social y familiar podremos restaurar la alianza implícita que antes existía entre padres y educadores.

No estamos solos, podemos acompañarnos para educar, conversar con otros para ser firmes en el no, en el límite y, en el fondo, ser firmes en el amor.

Este es un libro escrito con dolor por la realidad actual de padres que simbólicamente han dejado "huérfanos" a sus hijos y con amor para intentar en estas páginas devolverles la paternidad, el valor de educar, para ser personas libres y responsables de su destino.

Como afirma Viktor Frankl en el prólogo al libro de Elisabeth Lukas[3]: "Hemos de reconocer que la psicoterapia se halla en un estado deplorable. Por un lado, se descompone cada vez más en sectas; por otro, se está degenerando en una especie de industria. En otras palabras, cada vez está más influenciada por las ideologías y más comercializada". Así, este libro es también un intento de recuperar la credibilidad en nuestra hermosa vocación (no me gusta decirle profesión) para que la sociedad vuelva a creer en sí misma y no sea víctima de un "comercio psi" que termine dominando los dolores de la gente.

Por supuesto que estas páginas no van en desmedro de los tratamientos cuando son bien indicados. Creo y confío en la psicoterapia como una de las tantas herramientas a las que se puede recurrir; el problema aparece cuando se la transforma en la única aceptable.

La educación es un derecho fundamental reconocido en la Declaración Universal de los Derechos Humanos de 1948 y en la Convención sobre los Derechos del Niño de 1989. La educación es fundamental para lograr una convivencia en nuestra sociedad, mejorar la relación con nuestros semejantes y ser un activo participante en los cambios que cada sociedad precisa para ser más

---

3. *Tu vida tiene sentido. Logoterapia y salud mental.* SM Ediciones, Madrid, 1983.

justa, solidaria, pacífica y en la que sus miembros se desarrollen como personas en todas sus dimensiones. Educar nos previene de una sociedad en la que crezca la inseguridad, la violencia, las adicciones, entre otras dificultades. Educar es un acto de amor profundo. Se educa porque se ama; es una suerte de "imposición amorosa" por momentos, no siempre. Pero está faltando ese coraje para imponernos con amor y educar.

¿ES DESEABLE QUERER SER EL MEJOR PADRE POSIBLE?

En la cultura actual donde la búsqueda de la perfección y de la eficiencia aparece por todos lados como exigencia, parece que el intentar ser los "mejores padres" se transformó en otro deber más. En una cultura en la que se promueve la competitividad y el éxito, no basta con ser un buen padre sino que debo ser el "mejor padre o madre posible" del colegio, de la escuela, del barrio. Esta exigencia hace que los padres lean en internet y en blogs todo tipo de consejos que les digan lo que deben hacer. Ya no cuenta la palabra de la abuela o abuelo, que quedó *out* del sistema actual de educación. Solo cuenta la palabra del experto de turno que nos dice lo que debemos hacer. Sin embargo, tengo la impresión de que tanta consulta no termina de saciar la duda del que pregunta y, por el contrario, la gente no cree ni a quien le pregunta o consulta. Esto hace que, luego de la consulta, la persona vuelva a consultar o vuelva a leer. Parece que la duda continúa presente: "¿será tan así?", se pregunta la madre al leer un libro o luego de salir de la consulta psicológica.

En la ambición de ser padres perfectos, consultan para ver si lo están siendo y luego siguen adelante sin tomar mucho en cuenta lo consultado. Es casi como una "realidad virtual"; el padre razona: "hay algo que no estamos haciendo bien", luego pide la consulta o charla con la maestra y al regreso en el auto le comenta a su señora: "Pero bueno, tan así no debe ser. Mejor sigamos como estamos, lo otro es complicado". Cumplieron con la exigencia social de consultar. En realidad cuando un padre hiperconsulta o terceriza su función, abdica de su rol y se convierte en par de su hijo. Desde ese lugar de par, será imposible educar o guiar un proceso de desarrollo vital. Los padres estamos en otro lugar, un lugar adulto al que el niño mira y del que espera una guía.

Parte de la esencia de este libro está en restaurar nuestro lugar de guía sin culpa, ya que educar a nuestros hijos forma parte de la vida y no debemos hacerlo como respuesta a "como nos educaron a nosotros". Muchos padres educan desde una postura adolescente: "no voy a hacer con mis hijos, lo que mis padres hicieron conmigo". Esto refleja miedo, inseguridad y algo de rencor respecto a cómo se fue educado, además de asegurarse no ser realmente padre de sus hijos. Es verdad que las generaciones anteriores no dudaban y que todo extremo es negativo, pero el desautorizar y descalificar, sin más, las certezas de los abuelos, nos obliga a viajar con un mapa de ruta incompleto, un mapa que nos condena en un presente sin brújula. Cuando esto se instala, el niño termina siendo víctima de un pasado que sus padres no saldaron con sus propios padres. Por eso el lector encontrará en estas páginas, diversos ejercicios y palabras para saldar esa deuda y poder seguir adelante. Sin duda, que más allá de las perspectivas que ofrecen los libros, incluido este, el mejor camino para educar es el que cada padre y madre construye con sus propios hijos y el vínculo que cada maestro crea con sus alumnos. Este vínculo requiere presencia, atención, compromiso, capacidad para reparar errores, saber estar, ser suave y ser firme cuando se precisa. Ser firme y ser suave parecen contradictorios pero son complementarios. Los valores que forman la base de un vínculo sano y constructivo con nuestros hijos se viven, no se "inculcan". Se viven en los hechos cotidianos, desde el levantarse, vestirse, preparar la mochila para ir la escuela, hasta el regreso, el hacer los deberes, el tiempo para disfrutar y conversar en familia; nada de esto se puede delegar. Por eso, ¡a salir del miedo y de la exigencia para poder tomar decisiones por nosotros mismos!

I. DE DIVINOS A HUMANOS

> Los niños no pueden rechazar la autoridad de los educadores como si se encontrasen oprimidos por una mayoría compuesta de adultos, aunque los métodos modernos de educación han intentado efectivamente poner en práctica el absurdo que consiste en tratar a los niños como una minoría oprimida que tiene necesidad de liberarse. La autoridad ha sido abolida por los adultos y ello sólo puede significar una cosa: que los adultos se rehúsan a asumir la responsabilidad del mundo en el que han puesto a los niños.
>
> Hannah Arendt

Padres fatigados: niños huérfanos

Suele ocurrir cuando uno charla con padres, ya sea en la consulta o en otros ámbitos, que nos encontramos con personas fatigadas. Es mucha la dificultad implicada en sostener el rol. Las madres y los padres sostienen su trabajo apoyados en cuidadores y abuelos que corren detrás de los horarios de los niños. No es extraño tampoco escuchar "mi marido, se va de viaje, por eso la cuidadora se queda en casa para ayudarme, o para dormir tranquila, porque yo sola no puedo". Sostén, ayuda, apoyo: palabras que revelan la fragilidad que sienten muchas personas.

¿Por qué no se puede sostener? ¿Qué es lo que no se puede sostener? ¿Por qué la vida es tan agitada? O ¿por qué nos cuesta poner límites, restaurarnos afectivamente y sostenernos entre nosotros mismos, nuestra pareja, familia y amigos?

Podríamos encontrar culpas en nuestro estilo de vida que muchas veces peca de cómodo, de exceso de tiempo dedicado a las "cosas" y poco dedicado a nuestros seres queridos. No nos hacemos tiempo. En definitiva, no podemos ser, ya que somos tiempo. Somos seres temporales, personas en un tiempo determinado y el tiempo se despierta con nosotros y nos recuerda que no vamos a vivir para siempre. Ah, pero ¿quién quiere acordarse de eso? Más vale seguir así, seguir dormidos para que la muerte no nos agarre por sorpresa. Pero el problema es que al vivir de esta manera nos perdemos la vida. Por miedo a vivir, no vivimos o vivimos a medias, sin tiempo para perder el tiempo, sin tiempo para ganar: *fast life*, vida de locos, vida a full. ¿Calidad de vida o vida sin más? Si no tengo tiempo, no me tengo a mí mismo. Lo que hago con mi tiempo lo hago conmigo y moldeo mi mundo y mis afectos. Lo más precioso que tengo para dar y darme es mi tiempo y mi vida.

Llevamos una vida corriendo: corremos todo el tiempo desde que nos levantamos hasta que nos acostamos, se nos pasa el día corriendo para llegar a tiempo a la reunión, dejar los niños en la escuela, ir a trabajar, ser competente y efectivo, salir del trabajo, recoger a los niños, llevarlos a clase particular, luego llegar a casa extenuados a contagiar ganas de vivir. Estamos todo el tiempo diciendo a nuestros hijos "Apúrate", "Date prisa, que llegamos tarde". Después no sabemos por qué están estresados…

Parece que el estrés ha llegado para quedarse y sin duda está en el origen de muchas enfermedades actuales. Brevemente podemos diferenciar entre el estrés agudo y el crónico.

El estrés agudo es la forma de estrés más común. Surge de las exigencias y presiones del pasado reciente y las exigencias y/o presiones anticipadas del futuro próximo. Hay una ansiedad normal por lo que va a venir, pero si esa ansiedad se intensifica y se cronifica ya no es buena. En pequeñas dosis, resulta estimulante pero si se vuelve permanente termina agotando, desgastando y malgastando los recursos de a poco. Afecta nuestro cuerpo, nuestros vínculos y nuestra vida, nos va asfixiando. Un ejemplo de esto son aquellas personas que viven situaciones de las cuales sienten que no pueden salir (un trabajo, una relación de pareja) y frente a las que no pueden tomar decisiones. La postergación o el ver cómo su pareja y su trabajo no crecen, los condena a la infelicidad; el estrés crónico es como una brasa que quema lentamente y que tenemos permanente en nuestra espalda.

Carl Honoré, autor del ya clásico *Elogio de la lentitud*, pregona en sus libros el vivir lento, tomarse tiempo para vivir más despacio. No es extraño que su libro sea ya un best seller, ya que en tiempos de estrés, abundando las investigaciones que nos dicen que nos enferma vivir estresados, precisamos a alguien que nos ayude a vivir más lento, a educar más lento, a respirar, a comer despacio, a tener tiempo para estar sin agenda y disfrutar del juego, del trabajo, de la pareja, de educar sin estrés.

Además de cansados y estresados, estamos enfermos. Los diagnósticos de diversos tipos están a la orden del día. La palabra "enfermedad" viene del latín *infinitas, -atis*. Deriva del adjetivo *infirmus* (falto de solidez y salud). Por eso la palabra enfermedad significa, entre otras cosas, falta de solidez. Estamos flojos, cansados, errando la pisada. No sabemos dónde apoyarnos para retomar la salud y con ella nuestro rol.

Nos falta pisar firme para tomar impulso. Los niños y jóvenes merecen firmeza, palabras de apoyo y aliento de padres seguros de que están haciendo lo mejor por ellos. Si yo no estoy firme en el rol, seguro de mí mismo, de mi autoestima, me será muy difícil poner límites, es decir darle un "piso seguro" a mis hijos.

En estas páginas reitero esta idea de que para educar hay que frustrar, para lo cual debemos salir de la culpa y la duda. Nuestra tarea como padres es dar seguridad, ¡brindar raíces! Las raíces fuertes y profundas permitirán luego que las alas se desplieguen con el potencial propio de cada niño. Si nosotros vamos por la vida con miedo, "pisando baldosas flojas", nuestros hijos tendrán miedo y no confiarán en la vida ni en el futuro.

Con raíces firmes, el niño puede apoyarse y desplegar su libertad, sus decisiones y sus acciones. Lo que el árbol tiene de florido vive de lo que tiene sepultado, afirma el poeta Francisco Luis Bernárdez. Tenemos tiempo ahora para sepultar bien hondo las raíces de la afectividad que acompañará a los futuros florecimientos. Si no me hago tiempo para plantar, ¿cómo puedo esperar ver las flores después?

Padres cansados, niños frágiles.
Padres estresados, niños huérfanos.
Padres inseguros, niños miedosos.
Padres sin autoridad, niños caprichosos y sin proyecto.

Vayamos a un ejemplo sencillo, el niño quiere la taza roja y no la azul y los padres se desviven, cansados y "para no estresarse", le cambian la taza con el fin de que el niño no llore o no haga un berrinche. Más vale lidiar con el berrinche en los dos o tres primeros años de vida, que lidiar con los berrinches de un adolescente a quien no se le puso límites a tiempo.

Si los padres están tranquilos y sin miedo, pueden dejar que el niño haga su rabieta y se vaya al cuarto a tomarse tiempo para rabiar. Es su tarea como niño, está frustrado porque el adulto no le da lo que quiere cuando él quiere. Está bien que sea así. Pero nosotros somos los adultos y, por lo tanto, no cedemos ante el capricho del niño. Nos quedamos tranquilos, respiramos y le decimos "tomás la leche en la taza que te serví y sin protestar"; con todo el amor del mundo. Si protesta, va al cuarto y allá se le pasará el enojo, o no. Pero aprenderá a "autoregularse"; esa es nuestra tarea, fundamentalmente en los primeros años. Si le damos todo lo que quiere cuando él lo pide, no le permitimos autoregular sus emociones. Por el contrario, estaremos transmitiéndole lo siguiente: "cada vez que quieras algo, solo debes pedirlo y papá, mamá o cualquier otra persona te lo dará, tú te lo mereces hijo divino, mío". Esa máxima no hace más que agrandar su ego, generar hijos "reyes", que se creerán amos de la casa y del mundo que los rodea. Luego a la mínima frustración, en la que este deseo tiránico no se cumpla, se sentirán traicionados por los padres que le enseñaron eso. Y, sorprendentemente, el padre lo mirará consternado y pensando "¿cuándo yo te enseñé eso?". Un diálogo de sordos.

En esta etapa no hay consulta; no acordamos, ni negociamos con el niño, ni le preguntamos qué es lo que quiere él, estamos educando y, por ello, la relación es asimétrica. Lo queremos mucho y, por eso mismo, le decimos lo que debe hacer, lo que se espera de él y lo que no debe hacer, sin dialogar de más, sin importar que se enoje, sin explicaciones. Podríamos decirnos a nosotros mismos lo siguiente: "Yo soy tu padre o tu madre y, por lo tanto, mi deber es educarte con amor y sin miedo, con seguridad, pisando firme para que luego tú te puedas parar y pisar sobre tus propios pies. Para que luego tú puedas salir de la rabieta solo, porque el mundo te dará frustraciones, en los vínculos, amigos, parejas, en lo laboral, en el estudio, etc. Y tienes que aprender a salir solo de esos pequeños dolores cotidianos. No voy a estar siempre a tu lado para que puedas elegir tu taza de color o tu regalo o tu capricho diario preferido.

Crecer es trascender el capricho y la rabieta infantil. Madurar es dejar el berrinche y poder asumir la vida, manejar los impulsos y no dejar que estos nos manejen. Y mi tarea como padre es ayudarte en este proceso, no dejarte víctima del mundo impulsivo, enseñarte que tú puedes hacer algo con lo que te pasa, que no sos una víctima. Ve a tu cuarto y vuelves cuando estés tranquilo. La taza te estará esperando". Claro está, que esto es para convencernos a nosotros mismos, no se trata de dar ninguna explicación al niño.

Padres con miedo no ayudan a los hijos a que maduren y crezcan.

Todo lo que nos resulta desconocido, nos genera miedo. Si nuestros hijos nos provocan miedo es porque nos hemos convertido en desconocidos. Si, en cambio, estamos involucrados como padres, si aprendemos a conocernos, habrá menos miedo y más confianza mutua.

Aprendemos a ser padres con nuestros hijos, el proceso educativo se da para los dos al mismo tiempo. Y se aprende fundamentalmente con el ejemplo vivido: menos explicación y más implicación. El ejemplo es cotidiano a través de la presencia, la orientación y la confrontación amorosa, cuando es necesaria, y la frustración, a tiempo, que se transforma en aprendizaje incorporado. Cuando esto falta y la educación se "teledirige", desde internet o por celular, perdemos la oportunidad de estar presentes en la vida de nuestro hijo. El niño queda "suelto", sin piso firme en el que sostenerse para crecer.

Los padres son los que deben educar. La escuela puede educar como "segundo hogar", si es preciso el maestro actuará como otro padre o madre, así como el padre actúa a veces como maestro. Pero el hogar debería ser siempre la primera escuela, la primera instancia de aprendizaje; los padres los primeros maestros, la familia la primera instancia socializadora. Y aquí está el problema: considerando la crisis familiar que se observa, el hogar no está funcionando como primera escuela, delegándose en los docentes la responsabilidad de dar al niño su primera educación. Veremos más adelante que esta es una de las causas de la "fatiga" del docente.

La esencia del proceso educativo es que el niño deje de ser niño, para que pase a ser adolescente y luego adulto. En una sociedad en la que se es eternamente joven, en la que se valora y se promueve la juventud, es difícil que sea atractivo crecer. Pero siempre estamos creciendo, dejando atrás algo para madurar, para pasar a otra etapa. Sin miedo, con esperanza, con entusiasmo, con alegría, pisando firme. ¿Estamos pisando firme? No lo creo.

Es urgente retomar las funciones de crianza que hemos olvidado en el camino. Posiblemente estas páginas no revelen nada nuevo, quizás refresquen viejas certezas que perdieron su sentido por el ajetreo del diario vivir. Muchas personas dicen "yo sé lo que debo hacer, pero no tengo fuerzas o llego cansada/o a casa". No van a terapia para que el terapeuta les diga lo que deben hacer, porque ya lo saben. Quieren ayuda para tomar fuerzas y hacer lo que saben en el fondo del corazón que deben hacer pero no se animan. Sienten que no pueden o dudan, asfixiados por la necesidad de consultar a expertos sobre cómo educar. El éxito de las páginas web que pregonan "cómo educar niños felices, según las últimas investigaciones" no ha hecho otra cosa que limitar la confianza y seguridad que se tenía antes para educar sin miedo. Hoy día crecen la inseguridad y las ganas de educar sin cansarse, lo cual es imposible. Recuerde que usted es la primera opción dentro de los "expertos" a consultar.

En el fondo educar personas es amarlas para que sean libres y desarrollen su potencial; para esto deben desplegar su libertad y, como dice Octavio Paz, "La libertad, para realizarse, debe bajar a la tierra y encarnar entre los hombres. No le hacen falta alas sino raíces. Es una simple decisión sí o no pero esta decisión nunca es solitaria: incluye siempre al otro, a los otros. La libertad es la dimensión histórica del hombre. Lo es por ser una experiencia en la que aparece siempre el otro. Al decir sí o no, me descubro a mí mismo y, al descubrirme, descubro a los otros. Sin ellos, yo no soy. Pero ese descubrimiento es, asimismo, una invención: al verme a mí mismo, veo a los otros, mis semejantes; al verlos a ellos, me veo a mí mismo[4]".

Las raíces se nutren en el seno del vínculo familiar, primero, y en el vínculo escolar, después. Esas raíces se nutren de esta decisión que menciona el poeta, "sí o no", una simple decisión, pero en esa decisión se teje la base de la libertad y de un psiquismo fuerte. Cuando decimos "sí", estamos en el plano del amor. Es el amor nutritivo, incondicional, que dice "te quiero por lo que sos", lo

___

4. *Horizonte de poesía mexicana* [publicación electrónica]. Disponible en http://www.horizonte.unam.mx/cuadernos/paz/paz8.html.

referente a la "figura materna". El valor que alimenta el alma al saber que no debo hacer nada para que me quieran. Este da seguridad, confianza básica, resguardo, afecto.

Luego está el "no", que es el límite, lo que nos ayuda a crecer, a superarnos, a trascender. Gracias a él las raíces toman fuerza en el fondo de la tierra. La autoestima de nuestros hijos se afirma en los sí y en los no. El poeta mexicano nos recuerda que dicha libertad incluye siempre al otro, nunca es solitaria. Muchas veces vemos que padres y docentes sienten que educan solos. Nos falta crecer en esta dimensión histórica y de comunidad para salir del aislamiento e involucrarnos más, incluir al otro, verlo para poder comprender y construir a partir de raíces firmes.

El énfasis de este libro está en una de estas dos caras de la educación, en el "no" y en el frustrar. La historia de la humanidad suele evolucionar en forma de péndulo, alternando el foco puesto en uno u otro polo de este binomio. Nuestra generación ha hecho un exagerado hincapié en el "sí" y en el "nido calentito", por lo cual nos proponemos compensar, equilibrando un poco la balanza hacia el "no", sin dejar de valorar y considerar el amor incondicional y el desarrollo del apego como los elementos primarios y esenciales para el desarrollo de la persona.

Nuestros abuelos se criaron en el "no rígido" y silencioso. Luego pasamos al "sí, mi amor, lo que tú quieras… (para que me quieras)". Es necesario ahora equilibrar la balanza, a un no amoroso, ya no rígido ni distante, pero un no que ordene y que permita que el niño se frustre todo lo que sea necesario y que tolere la frustración. El cantautor español Joan Manuel Serrat dice en su famosa canción "Esos locos bajitos": "Nada ni nadie puede impedir que sufran, / que las agujas avancen en el reloj, / que decidan por ellos, que se equivoquen, / que crezcan y que un día nos digan adiós…".

Para eso trabajamos y educamos, para que cuando nos digan adiós y veamos cómo enfrentan las frustraciones diarias de su vida de adultos, nuestra conciencia está en paz porque no los anulamos y les dimos lo mejor de nosotros. El futuro puede depararle a un hijo el fracaso de un proyecto de vida así como la posibilidad de volverse a levantar, de volver a confiar, de salir a buscar otro trabajo, etc. Y así irá transformando cada dolor en oportunidad para crecer. Ese será nuestro legado, dejarlo ir para que no vuelva o para que vuelva pero como adulto, no como hijo, siempre en actitud de reclamo o de "me debes algo".

Actitudes para educar y salir del cansancio: optimismo que vence al pesimista que se despierta cada día; entusiasmo para contagiar las ganas de vivir; coraje para cambiar de actitud; amor para frustrar sin culpa.

Educar claro que cansa, el que anda distraído no educa. El que educa, aunque se canse, cumple su rol y recupera su misión y sentido de vida parental. La felicidad proviene del cansarse educando con amor.

Si para recobrar lo recobrado
debí perder primero lo perdido,
si para conseguir lo conseguido
tuve que soportar lo soportado,
si para estar ahora enamorado
fue menester haber estado herido,
tengo por bien sufrido lo sufrido,
tengo por bien llorado lo llorado.
Porque después de todo he comprobado
que no se goza bien de lo gozado
sino después de haberlo padecido.
Porque después de todo he comprendido
por lo que el árbol tiene de florido
vive de lo que tiene sepultado.

Francisco Luis Bernárdez

Educar con alma y vida: sin miedo y sin culpa

> Ahora ante la vulnerabilidad o el fracaso, de la Razón, de la Política, y de la Ciencia, el ser humano oscila en el vacío sin encontrar donde enraizarse ni en el cielo ni en la tierra,
> mientras es atragantado por una avalancha de información que no puede digerir y de la que no recibe alimento alguno.
>
> Ernesto Sábato

La palabra "psicología" viene de la palabra griega *psyche*, "alma". De psyque también deriva "soplar", palabra que se encuentra relacionada con "respirar", como queda en evidencia en varios pasajes de la Biblia: Dios le da un "soplo de vida" a Adán, es decir, le da su aliento, su ánimo, su espíritu. Por eso cuando alguien muere, decimos que expiró, dejó de respirar, fue su último aliento. A través de esta asociación entre psicología, alma y respirar, quiero abordar el tema de la educación de nuestros hijos desde una "psicología con alma". Vivimos actualmente una "psicología y una educación desalmadas". Se ha perdido el alma y esta se ha divorciado del cuerpo; por lo tanto, urge una psicología que nos ayude a integrar esta dualidad. No se puede seguir viviendo "desalmados", sin embargo vemos a diario esta problemática reflejada en los síntomas de las personas y de toda nuestra sociedad. Andamos "asfixiados", con "ataques de pánico", sin poder respirar, jadeando apenas, famélicos de sentido, de entusiasmo y de alegría. ¿Cómo se puede educar (alumnos e hijos) si nosotros mismos estamos desahuciados, deprimidos, intoxicados y con falta de aire? ¿Cómo podemos reaccionar?

La invitación es a recuperar el alma, respirar profundo, tomar aire, pensar antes de actuar. Para poder educar debemos estar firmes para frustrar y actualmente no estamos firmes, estamos desbordados, "a mil", con el glamour que da vivir estresado, porque eso quiere decir que "te va bien". ¿Según qué modelo de éxito le va bien a alguien que vive estresado?

Debemos ayudar a respirar, respirando los adultos, en primer lugar, lograremos ayudar a nuestros niños y jóvenes a respirar también. Dejaremos de ser todos cómplices pasivos de que "el mundo va así". Dejaremos de ver pasar la realidad por delante nuestro sin hacer nada para revertirla. Está en riesgo el propio hombre, como decía Carl Jung, es tiempo de que el ser humano se rebele y deje de ser una víctima pasiva que acepta las condiciones del sistema educativo, sin poder hacer nada para cambiarlo. En el actual paradigma, madurar es resignarse, en lugar de ser rebeldes, de revolucionar el alma que está dormida, que pide a gritos que la escuchen, que el ser humano todavía puede hacer algo contra lo que intentan hacer de él.

Los invito a pensar una psicología con alma que nos haga respirar a todos aire puro, que nos desintoxique del "no te metas", del "cada uno con su familia". Todos formamos parte de la misma aldea, educativa, global, familiar, de país, del mundo. Somos todos pasajeros del mismo barco que pide viento para seguir su camino.

Salgamos del ataque de pánico existencial en que vivimos, de la parálisis de no saber qué debemos hacer para tomar las riendas de nuestra vida, para salir de víctimas y ser protagonistas.

Un tsunami invisible

En Uruguay sufrimos un "tsunami" invisible, y es tan invisible que lo dejamos en manos de "expertos" para no hacer nada nosotros. El tsunami invisible son los adolescentes y mayores de

65 años que intentan quitarse la vida y los que lo logran cada año en Uruguay. En el año 2011 se registraron 537. Entre 1 y 2 suicidios por día. Uruguay es el país con la mayor tasa de suicidios en América Latina junto a Cuba. Se registran más casos de IAE (intentos de autoeliminación) en el interior del país que en Montevideo. En el año 2006 Buenos Aires tenía una tasa de seis suicidios cada 100.000 habitantes, Santiago de Chile de 4, Río de Janeiro de 2, mientras que la de Montevideo fue de 14 (Datos tomados de *El País*, "Suicidios de Jóvenes", 16 junio 2013). La tasa de suicidios duplica la de homicidios, que es de 7 cada 100.000.

¿Seguiremos año tras año, registrando pasivamente y sin dolor las cifras? ¿Cuántos suicidios se cometieron este año? ¿Cuántos el año pasado? Qué triste sensación hablar de números para ser "objetivos". ¡Mentira!, lo que queremos es ser objetos, no ser personas, para no pensar que detrás de esos números está "Manuel, José, Victoria, Claudia, la hija de mi hermano, la esposa de mi jefe, mi exjefe, el tío de mi mejor amigo", etc. Mejor hablemos de números. Cuando hablamos de números, todo se hace impersonal y al hacerse impersonal, se toma distancia. Como dice Susanita, la de Quino: "por suerte el mundo queda tan lejos..." y así que no puedo hacer nada para evitar lo que pasa y continúo con mi rutina.

Salgamos de la rutina, de la comodidad. Únicamente cuando nos "duele" el dolor del otro, sean hijos, alumnos, amigos, sociedad, podremos salir de la actitud pasiva y ver lo que cada uno de nosotros puede hacer.

Reflexionemos brevemente sobre las dos poblaciones más vulnerables: adolescentes y mayores de sesenta y cinco años. Paradojas de la vida: el adolescente, quien está en plena etapa evolutiva de "salir del cascarón", entrando en la vida, se baja antes de entrar. Parece que no le resulta atractivo ser adulto, crecer. Quizás también se trate de la fragilidad de un psiquismo que no está dispuesto a pagar el precio que implica crecer.

La otra población de riesgo, los mayores de sesenta y cinco años, que deciden irse quizás porque han centrado su sentido de vida en el hacer. Y si solo soy lo que hago, ¿quién soy cuando no hago nada, cuando no sé qué hacer, cuando siento que ya no me necesitan? ¿Quién soy sin hacer o si solo soy por lo que hago? De allí que al jubilarme en vez de experimentar la alegría, sufro el vacío existencial que describe Viktor Frankl y caigo en el aburrimiento, en el tedio, la monotonía, hasta que la idea del suicidio comienza a crecer.

La relación entre suicidios y depresión es clara, por lo tanto tenemos aquí elementos para trabajar en prevención y en educación en la escuela y en la familia.

Hagamos algo para cambiar estas cifras, para que dentro de diez años, cuando nos pregunten cuántos suicidios hay en Uruguay por año podamos decir "¡300!", la mitad que en 2013, y dentro de veinte años podamos responder "¡30!", habiéndolo logrado nosotros, nuestra generación. Padres y madres, maestros, enfermeros, policías, bomberos, psicólogos, médicos, psiquiatras, educadores, escritores, escribanos, contadores, abogados, empresarios, gobernantes, todos estamos comprometidos con esto. No hay términos medios en cuestión de vida o muerte. Si no nos duele este dolor, no haremos nada para cambiar la realidad. Otra vez seremos tristes testigos de nuestro fatalismo. ¿O buscaremos a quien echarle la culpa?

Eduquemos para saber estar en silencio, buscar la paz del alma en nuestras tareas cotidianas. Somos lo que hacemos. Sería ideal que lo que hagamos coincida con lo que nuestra alma nos pide ser en cada momento. Si lo que hacemos nos aleja de lo que somos, perdemos el ritmo entre ser y hacer. Afinar nuestro "diapasón espiritual" que es la conciencia que nos indica si vamos a "tono", si lo que hacemos tiene que ver con lo que somos, o si vamos desafinando por el camino.

Educar proviene del latín *educare*, vinculado con *dücere* (conducir, guiar) y *educere* (sacar afuera). Esta etimología nos dice que se trata de guiar a alguien en el camino, conducirlo para que pueda desarrollar lo que es, lo que cada uno lleva en su interior. No se trata de llenar un vaso vacío. Conducir y guiar implica pensar que hay alguien a quien guiar y conducir. Nadie se educa solo, nadie es autodidacta. Todos somos con el otro y a partir de otros que nos ayudaron a ser. Hacer cosas por "nuestra cuenta" sin el otro, es mutilar nuestra capacidad de crecer. Benedetti dice en un verso "tengo el yo lleno de gente". Esas gentes que nos habitan, educan y forman nuestra alma. El mundo Narciso actual invita a evitar al otro, a "ser uno mismo", como si fuera posible ser sin el otro, sin los otros. Estas páginas son una invitación a valorar y reconocer los otros que nos formaron e inspirar nosotros a tantos otros que esperan ser educados. Si todos somos autodidactas, ¿quién instruye a quién?

El proceso de convertirse en persona

Carl Rogers, gran psicoterapeuta norteamericano, padre de la "psicología centrada en la persona" tiene un hermoso libro titulado *El proceso de convertirse en persona*. Son de esos libros que nos marcan porque, como dice Sergio Sinay, "somos lo que leemos". Así que agradezco a este libro y a su autor, quien me formó como persona y como psicólogo y comparto con ustedes este conocimiento. De Carl Rogers es la famosa frase "lo que cura es la relación", que luego Irvin Yalom retoma afirmando que "la relación es la mercancía curativa". Si bien estos autores hacen referencia al vínculo terapéutico entre psicólogo y paciente, podemos extrapolar esta máxima a los demás vínculos humanos y, sobre todo, al vínculo entre padres e hijos y educadores.

Ser persona es un proceso; no nacemos siendo persona sino que nos hacemos una. El proceso de serlo se nutre y depende de que nos encontremos con otras personas (en primer lugar padre y madre, pero no siempre) que quieran convertirnos en persona. Si no toman esa decisión y si no luchan cada día para que esto se dé, es poco probable que lleguemos a serlo. Sí podemos llegar a ser una suerte de proyecto de persona, pareciéndonos a otras que caminan por la calle, que van a trabajar, cumplen con sus obligaciones, pero sin llegar a ser una persona auténtica.

Esta tarea de humanizarnos es el centro de estas reflexiones y es, creo yo, la mayor urgencia de este siglo: no perder la humanidad, rescatar al ser humano de todos los reduccionismos.

La persona es proyecto de vida latiendo y existiendo. Nos cuesta mucho vivirnos como "siendo" y es más fácil decir "somos así". Esta última definición nos estanca, nos deja como estamos y no nos da el permiso para cambiar. Es un enfoque determinista del ser humano y en el fondo esta mirada nos lleva al fatalismo, "Ya no puede hacer nada, es así".

Sin embargo, desde el enfoque humanista existencial de la logoterapia sostenemos que "somos siendo", que el futuro nos llama y nos interpela. El futuro determina nuestro pasado y no al revés. Por lo tanto, nuestra existencia es dinámica e inacabada, vamos siempre en camino a la completitud. El poder ver al ser humano como una persona que se lanza hacia su futuro es una mirada esperanzadora sobre la realización de sus posibilidades existenciales. Por lo contrario, cuando nos dejamos atrapar por posturas deterministas –"los primeros 5 años de vida te marcan para siempre", como le escucho decir a padres y profesionales– quedamos sin salida, deprimidos, con una postura fatalista que afirma que ya no se puede hacer nada para cambiar la realidad. Triste noticia que ha sido asumida sin mayor rebeldía por la sociedad, pero de la que se ha disfrutado, ya que nos deja sin culpa y sin posibilidades de cambio.

Venimos de un paradigma determinista de la vida y hemos crecido con la idea de que el pasado determina tu presente y tu futuro. Este concepto no nos deja en libertad para ser padres, docentes y personas que deciden su destino. Si no estamos convencidos de que construimos nuestro futuro, somos poseídos por un pasado que nos condena al fatalismo. Debemos reconciliarnos con nuestro pasado para parir nuestro futuro. Pero para esto debemos comprender que no estamos determinados. Estamos condicionados por nuestra historia, nuestros genes, nuestra familia en la que nacimos, el país, etc. Pero no nos determina afirma Viktor Frankl, fundador de la logoterapia. Lo que hacemos con lo que nos pasó es lo que nos determina; nuestra actitud de aceptar o rechazar lo vivido es lo que nos determina y lo que nos ayudará a vivir sin miedo, a tomar decisiones, a poner límites y a enfrentar nuestro presente y futuro con alegría, optimismo y entusiasmo.

Pero el tiempo ha pasado y los modelos van cambiando. Esta postura, ya está a la vista, ha traído padres ausentes de su rol por no querer ser los responsables del posible "trauma" del niño. Hemos decidido, sin darnos cuenta, que no actuaríamos. Esta renuncia a nuestro rol ha sido una tragedia para la sociedad y explica en parte las dificultades de nuestro hijos para madurar: porque son hijos de una generación que los ha sobreprotegido.

El pediatra francés Aldo Naouri sostiene que esta actitud parental sobreprotectora ha traído un atraso de siete años en el desarrollo psicoemocional de los niños y jóvenes, una suerte de desfasaje entre la edad cronológica y la edad emocional. Esto quiere decir que los niños y adolescentes son maduros biológicamente, pero inmaduros emocionalmente. Si usted tiene un hijo o sobrino que tiene 30 años, no tiene 30, sino 23 (según esta nueva escala de Aldo Naouri), si usted tiene un hijo de 18 años, no tiene 18, tiene 11.

Muchas veces en charlas y talleres para padres, propongo a los asistentes que se imaginen a su hijo, que actualmente tiene 10 años o menos, a los 20. ¿Cómo sería si lograran dejarlo que se frustre a tiempo? Quizás en diez años, a los 20, se hará independiente, maduro, responsable, autónomo y podrá irse de casa, formar su propio proyecto de vida. Claro está, basándonos en la hipótesis de que podamos cambiar ahora, sobre todo cambiar nuestras actitudes de sobreprotección con las que evitamos que se lastimen y que se frustren a tiempo. Por esta sobreprotección es que son más inmaduros, menos autónomos y, por lo tanto, postergan la salida del "nido calentito". Afuera de casa está "la vida esperando". Se crece afuera, en los desafíos de los trabajos nuevos, las parejas, los cambios, los estudios. Hay que salir para poder "volver a casa" cuando sea necesario, para retomar energía para el viaje de la vida. Si siempre se queda adentro, no habrá experiencia del viaje, del afuera, de los miedos y desafíos que implica vivir.

> **Salir para poder volver.**
> **Capacitar para "Amar afuera".**

Si cuidamos y evitamos a tiempo nuestras actitudes sobreprotectoras para que estos niños vayan incorporando el sufrimiento necesario que la vida trae, los golpes inevitables para crecer, ayudaremos a que dichos golpes los capaciten también para ser felices. La felicidad de nuestros hijos va de la mano de nuestra felicidad y de nuestros sufrimientos que nos permiten valorar el esfuerzo y la vida. No se llega a una vida feliz sin situaciones de dolor, de cambio, de crisis, de separaciones, de tensiones, de dolores hospedados.

Gracias a este proyecto se instala en la pareja la posibilidad de una nueva vida. Debemos despertar a nuestro amanecer, el amanecer no solo de la nueva vida, del hijo que crece con nosotros, sino también despertar a nuestro rol como padres que está dormido o anestesiado. Las parejas son expertas en hablar de los hijos para no hablar de ellos mismos. Se pierde de esta manera el "diapasón espiritual" de cada familia, que es la presencia, la comunicación afectiva, la preocupación y el cuidado mutuo. Los hijos se llevan todos los cuidados y no queda energía para cuidar al que nos ayuda a frustrar con amor y sin culpa. Por eso estas páginas tendrán también muchas palabras para el cuidado mutuo de la familia (ensamblada, monoparental o típica) para el cuidado y sostén de los vínculos. Al decir de Carlos Díaz, "Si descuido al otro me descuido a mí mismo" porque habitamos siempre en el otro y desde los otros que nos ayudan a ser nosotros mismos.

33

Somos tiempo

Lo invito a responder a las siguientes preguntas.

- ¿Tengo tiempo? Si no tengo tiempo, no me tengo a mí mismo.
- ¿Hace cuánto que no me permito perder el tiempo?
- ¿Qué tiempo (real, cantidad no solo calidad) le dedico a mi pareja y a mis hijos por semana?
- ¿Qué hacemos en ese tiempo?
- ¿Qué podríamos hacer?
- ¿Vivo acelerado, estresado? ¿Qué puedo hacer para vivir mejor?

Vidas (des)parejas: distintos pero no distantes

> A nadie te pareces desde
> que yo te amo.
>
> Pablo Neruda

Cuando hablamos de familia como "comunidad de vida", nos referimos a que todo grupo humano donde hay una relación filial, se conforma como familia y su misión es ayudar a que los miembros del grupo se desarrollen como personas. Abuelos, tíos, padres, hermanos, hijos, primos, hijos de nueva unión, familias ensambladas, monoparentales. Las familias actuales forman parte de una época que nos invita a incorporar lo nuevo, a aceptar los nuevos modos de familia y de integrar. En el fondo nos invita a "abrazar más grande" y poder así ampliar nuestra conciencia y nuestra capacidad de amar y de amor.

Cuando una pareja se forma, no se relacionan solo dos "psiquis" nuevas, sino todo el "mundo" que cada familia trae consigo. Todo es un nuevo nacimiento. Son dos mundos diferentes en su modo de ser, en valores, creencias, dinámica afectiva, estilos de comunicación, legados distintos que se unen; historias familiares que se integran para formar una nueva familia. Sin embargo, estos dos modos se complementan en el diario vivir, el otro nos ayuda a ser diferentes. ¿Será más fácil si el otro piensa igual que yo respecto a todo? ¿O será aburrido? Ser semejantes y ser diferentes, amar esa diferencia, templarla y cuidarla hará que la pareja permanezca con aire, sana y renovada. Si intento que el otro sea igual a mí, termino ahogando el proyecto de pareja y anulando la potencialidad del otro. Dicho objetivo es, de hecho, una aventura imposible.

No obstante, la clave estará en que siendo distintos, no estemos distantes, que no nos aleje la diferencia; más aún si tomamos en cuenta a nuestra familia de origen. Es usual escuchar en la consulta de pareja la queja "es que somos muy diferentes". Es lógico que así sea y eso no se puede cambiar, ni igualar, ni uniformar. El desafío consistirá en que siendo diferentes no nos alejemos del otro, que la pareja sea siempre un "espacio vital" que nos confronta a cambiar nuestras posturas y ser flexibles. La salud nos hace flexibles, la enfermedad nos rigidiza. Tener la capacidad de "abrazar y hospedar" lo que el otro piensa y entender su punto de vista refleja una actitud saludable. No se trata de convencer al otro sino de aceptar que piensa diferente.

Gracias a las diferencias es que las reuniones familiares de fin de semana con abuelos, tíos y primos son tan divertidas como complejas. Por un lado, vemos que a las otras personas les pasan las mismas cosas que a nosotros. Pero por otro, están presentes vínculos y complejidades de la vida familiar que muchas veces traen discusiones, malos entendidos, ofensas, etc. Todo este mundo conflictivo es clave para la "salud familiar", siempre y cuando uno pueda hablar de lo que pasa, hablar de los sentimientos y de las emociones. Incluso para nuestros hijos será un momento psico-educativo clave el ser testigos de cómo papá y mamá manejan sus emociones, expresan sus sentimientos, defienden sus opiniones. Una oportunidad existencial para aprender sobre el enojo, el amor, los celos, la envidia, la alegría, la tristeza, la reconciliación y la vida en comunidad.

El conflicto es sano, es parte de la vida y propio de personas que se quieren mucho. En la familia ampliada, cuando la convivencia se hace difícil, el conflicto nos ayuda a comprendernos mejor a nosotros mismos, nos invita a practicar la paciencia, nos exige dejar a nuestros hijos defenderse por sí mismos o evaluar si uno debe intervenir. Los conflictos estarán siempre en la vida del adulto. Si desde niños les mostramos cómo manejamos los conflictos, tendrán una "escuela emocional" incorporada para su vida adulta.

La complejidad de la vida en familia hace que los tejidos vinculares se fortalezcan también a partir de las tensiones y dificultades. En toda familia hay discusiones, hay fuertes tensiones que energizan los vínculos. Por supuesto que una sabia y equilibrada dosis de tensiones ayudan a educar y a convivir, pero el exceso de conflicto, lejos de ayudar, puede crear un clima de miedo y de falta de libertad.

Cuando uno se dispone a amar y a construir un vínculo, sabe que se entrega a un mundo desconocido. Ese mundo desconocido es el otro, es la familia del otro y también el "otro-yo" que nacerá y se transformará a partir de esos nuevos encuentros y desencuentros.

La vida se nutre de paradojas existenciales que son las contradicciones diarias que nos ayudan a vivir. La vida no es lineal. Quizás es lineal para el aburrido o el narcisista que no puede salir de sí mismo y queda atrapado en su mundo.

Cuesta mucho llegar a ser quien se es. Se tiene una identidad frágil y líquida, parafraseando a Bauman, por lo cual cuando debemos ceder, creemos que somos débiles o que perdemos nuestra identidad. Viktor Frankl, en su libro *Psicoanálisis y existencialismo*, plantea que en el amor se agudiza el sentido para captar los valores. Cuando uno ama, le importa que el otro crezca y realice sus potencialidades. Amar al otro es ayudarlo a que haga realidad sus sueños, alegrarse con la alegría del otro. El amor es siempre posibilidad y futuro; cuando se estanca en el pasado y/o en el presente, no crece, queda condenado a sobrevivir.

El proyecto de pareja está vivo cuando la persona crece y se siente libre con el otro/a. Como afirma Carlos Díaz Hernández, "para conocer al hombre hay que amarle… quien no descubre el valor de amar, encubre todo valor". Cuando uno ama "des-cubre" las potencialidad del otro. Cuando no lo ama, lo encubre y a su vez no quiere que nadie lo descubra como él o ella. Por eso al amar, la persona se siente (des)cubierta y esas capas que aparecen revelan su ser. Si la potencialidad queda cubierta, no es un amor sano. El otro queda ahogado, no crece. Puede haber afecto, quizás cariño, pero no hay una entrega amorosa, un regalo. Hay un darse a medias.

Crecer juntos implica una "autotrascendencia compartida". El tejer vínculos sanos y cuidarlos fortalecerá el psiquismo y la solidez de la pareja para educar. Distintos pero no distantes, lo diferente nos complementa y nos ayuda a amarnos y a conocer nuestras semejanzas. Al ser amados nos percatamos de nuestra existencia. Siguiendo a Díaz Hernández, "Soy amado, luego existo". Me siento amado, me siento persona y siento que pertenezco a este mundo. Me siento bienvenido, siento que me dan la bienvenida al amarme, que tengo derecho a estar acá y que comparto mi vida con otros. Cada uno al amar y al ser amado, renueva el contrato básico con la existencia, que es confiar en la vida y estar abierto a lo que la vida propone. Estar disponible para vivir y para dar lo mejor de cada uno cada día y con cada persona que conocemos.

Quien no descubre el valor de amar, encubre todo valor.
Quien ama, (des)cubre tu potencialidad, te ayuda a ser mejor persona.

Los conflictos más importantes de la vida en pareja son la relación con las familias de origen, las pautas de crianza de los hijos, las tareas domésticas, la comunicación afectiva, el manejo del dinero, la sexualidad, la rutina y monotonía. Cuando una pareja asiste a terapia, muchas veces la crisis ya está instalada. El terapeuta tiene poco tiempo para intentar restaurar una dinámica sana de comunicación afectiva que les permita hablar libremente sin sanciones y poder expresar sus sentimientos.

Gottman, autor de *Las siete reglas de oro para vivir en pareja*, investigó las parejas que mejoraban a lo largo de los años. Encontró que la diferencia fundamental entre las parejas que seguían juntas de las que se separaban estaba en el dedicar más tiempo presencial, compartir y usarlo para interesarse por el otro, con pequeños detalles que hacen la diferencia.

Gottman establece incluso estos tiempos en varios momentos del día. Al inicio del día simplemente preocuparse por lo que el otro va a hacer. Luego al regreso de la jornada laboral, conversar sobre cómo le fue a cada uno. Poder manifestarse afecto libremente, expresar cariño que incluye abrazarse, besarse. Hacerse tiempo para conversar una vez por semana al menos sin tensiones ni interrupciones. Y manifestar admiración y aprecio por el otro.

Todos estos consejos de Gottman se pueden resumir en "presencia". Una presencia real que incluye el mirarse a los ojos, el detenerse para compartir sentimientos, la preocupación por el otro. Esto hace que sigamos siendo "humanos" compartiendo nuestra vida y no "clones" que nos vamos separando sin darnos cuenta.

Conflicto de pareja: manifestando nuestros sentimientos

En los momentos que considere más oportunos, le invito a que converse con su pareja sobre algunos de los siguientes temas y sobre qué deben hacer para mejorar.
- Relación con las familias de origen.
- Pautas de crianza de los hijos.
- Tareas domésticas.
- Comunicación afectiva.
- Manejo del dinero.
- Sexualidad.
- Rutina.

Posteriormente, le invito a responder a estas preguntas:
- ¿Me siento libre contigo?
- ¿Me siento dependiente? ¿Es una dependencia positiva o negativa?
- ¿En qué aspecto es negativa? ¿Cómo podemos cambiarlo?
- ¿En qué aspecto es positiva? ¿En qué hemos crecido desde que estamos juntos?
- Actualmente, ¿cuál es nuestro proyecto juntos?
- Contigo descubrí que he aprendido a…
- Contigo me descubro amado en….

Me tienes en tus manos
y me lees lo mismo que un libro.
Sabes lo que yo ignoro
y me dices las cosas que no me digo.
Me aprendo en ti más que en mi mismo.

Jaime Sabines

Viviendo como humanos

Nadie es sujeto en la soledad y el aislamiento, sino que siempre se es sujeto entre sujetos: el sentido de la vida humana no es un monólogo sino que proviene del intercambio de sentidos, de la polifonía coral.

Fernando Savater

Escuchemos al filósofo español José Ortega y Gasset que en sus *Meditaciones del Quijote* afirmaba: "El tigre de hoy no es más ni menos tigre que el de hace mil años: estrena el ser tigre, es siempre un primer tigre. Pero el individuo humano no estrena la humanidad." El tigre está condenado a ser tigre, no se puede destigrar. Pero el ser humano se deshumaniza si no se encuentra con otro humano, con otra persona que a su vez lo humanice. Por eso siempre es un estrenar nuevo, un hacerse humano cada día.

El ser humano corre un gran riesgo: el de renunciar a su humanidad, de renunciar a la transformación de ese niño que nace en una persona libre y responsable. Esta es una llamada a la responsabilidad a los adultos (no solo padres y docentes, sino toda persona que forma parte de nuestra sociedad). Es una invitación para despertar nuestra responsabilidad con las próximas generaciones para que no sigan entregándose a sus instintos, renunciando a su libertad, cayendo cómodamente en adicciones y depresiones. Formemos parte de una generación de adultos que reacciona, que desempeña realmente el rol de "padre" y de "madre" de nuestra sociedad, generando pautas, orientando y cuidando afectivamente.

Si nosotros como padres no educamos, ¿quién educa? Como bien dice Fernando Savater, los hijos saldrán bien educados o maleducados, pero saldrán educados. El tema está en quién educa.

La diferencia la hacemos si somos nosotros, como padres, los que damos esa educación. Debemos recuperar el sentido de la comunidad educativa. Este autor plantea que nos debe importar mucho que el vecino también salga bien educado, ya que nuestros hijos y nosotros mismos convivimos con ese vecino. Si esta preocupación no se da, nos vamos aislando silenciosamente, convirtiéndonos en sociedades "autistas" cerradas, en las que no nos duele el dolor del otro.

Se educa desde la presencia y desde los valores que implícitamente y explícitamente los padres y la sociedad dan a los niños. Cuánto más se habla de valores, más nos alejamos de ellos. La llamada "crisis de valores" muchas veces hace que se hable pero no se actúe. Los valores siguen siendo los mismos: amor, solidaridad, respeto a la autoridad, a los mayores, ser comprensivo con el otro, libertad, responsabilidad, por solo citar algunos. Pero la crisis es del hombre que valora, ya no sabe qué elegir, qué es lo más importante, y se pierde en decidir, corriendo el riesgo de "perderse a sí mismo".

Cuando Ortega y Gasset, plantea que el tigre no puede "destigrarse", nos dice que está condenado a ser tigre, a ser siempre el mismo tigre. No obstante, el ser humano, la persona, sí puede deshumanizarse. Se deshumaniza si no se encuentra con humanos por el camino, si se encuentra con robots, *cyborgs* o "sombras" de seres humanos. Cada vez que el padre o madre o educador está "cumpliendo con su rol", pero no contagia entusiasmo, ese niño no se humaniza porque no se contacta humanamente y afectivamente. La vida "posmoderna" nos llena de actividades, corremos de un lado para otro con la excusa de "darles lo mejor" a nuestros hijos, cuando en realidad al llegar a casa, llega una persona cansada, agotada, que muy difícilmente puede transmitir optimismo, entusiasmo y felicidad.

Cada vez que la rutina nos atrapa y nos vamos transformando invisiblemente en "recursos humanos", cada vez que no nos sentimos protagonistas de nuestra vida, de nuestra pareja, de nuestro espacio de trabajo, cada vez que nos olvidamos de lo que nuestra alma precisa, cada vez que nos alejamos de los otros, cada vez que nos olvidamos del otro y de lo que este precisa, cada vez que no nos duele el dolor de los otros, nos vamos transformando en "robots" o "humanoides". Ese ser no puede educar aunque crea que lo está haciendo, porque no puede contactarse afectivamente. Para educar como padres y educadores (maestros, profesores), se precisa reencontrarnos con nuestra vocación de padre y madre, la educación no es una profesión o tecnicatura que se aprende en la universidad.

Sergio Sinay habla en *La sociedad de los hijos huérfanos* sobre que hemos claudicado de nuestro rol como padres depositando tal responsabilidad en los maestros y profesores. Estamos pagando el costo de la "tercerización" que hemos hecho del rol paterno. Cuando uno terceriza ya no se siente responsable de los resultados. Si tomamos conciencia de que somos nosotros los responsables en educar, no hay terceros que nos puedan suplantar en mi rol.

Para poder ser, en suma, tenemos que incorporar a los otros, con quienes convivimos (ser con los otros), incorporar de dónde venimos (tradiciones) e incorporar a quienes heredarán nuestro legado; pasado presente y futuro se unen en este momento de nuestra vida y de la historia. No podemos vivir separados de nuestro origen y sin saber a dónde vamos. Así estamos hoy, condenados a lo instantáneo, asfixiados porque sentimos que el "deber ser" nos limita, pero no es así. Gracias a este "deber ser" incorporamos a los otros y nos desarrollamos como persona. Es el dinamismo de la personalidad; este deber ser nos llama y nos impulsa hacia adelante; no es un obstáculo, es parte de ser hacia otro, un otro que también soy yo mismo. El otro me ayuda a encontrar y a encontrarme. Por eso me interpela, me cuestiona y me frustra también. Pero esa frustración confirma mi humanidad y confirma que somos semejantes en comunidad aprendiendo a vivir y a convivir.

Preguntas para hacer cosquillas a la conciencia

"La contradicción del diálogo consiste en que cada uno habla consigo mismo al hablar con los otros; la del monólogo en que nunca soy yo, sino otro, el que escucha lo que me digo a mí mismo", dijo el poeta mexicano Octavio Paz en *Los signos en rotación y otros ensayos*. Así, tomando en consideración que el sentido de la vida no es un monólogo sino un diálogo, le invito a responder a las siguientes preguntas:

- ¿Cuáles son los diálogos plenos de sentido que he tenido?
- ¿Quiénes son esas personas significativas para mí?
- ¿Qué decían esos diálogos, esas palabras y qué me dicen ahora?
- ¿Con quién dialogo yo ahora, a quién respeto, a quién escucho?

Cuando el dialogo es monólogo, me aíslo…
- ¿Cuándo me pasa esto?, ¿en qué situaciones?
- ¿Cómo hago para salir del monólogo?
- ¿Quién me saca de ese monólogo y me invita al diálogo?

Todos somos hijos adoptivos

Adoptar a nuestros propios hijos

Tener un hijo, o nacer sin más, puede ser un accidente biológico; ser padre no lo es. Se puede ser padre y no tener hijos biológicos así como se puede tener hijos biológicos y no ser padre. Todos somos hijos adoptivos, dice Castellá en *Paradojas existenciales*.

La paternidad es un acto de amor. Quizás en la mayoría de las situaciones, el padre biológico y el que cumple la función de padre son la misma persona. Pero uno no es padre porque sí, sino porque se hace padre en el vínculo con los hijos y con la presencia cotidiana.

En la consulta psicológica, suelo escuchar expresiones como "Cuando yo te hable de mi padre, se trata de Carlos el esposo de mi madre, quien me educó. Mi padre se llama José y no lo conocí nunca". El padre es el que está, es el padre afectivo. Por eso, incluso cuando hablamos de "rol del padre", corremos el riesgo de minimizar una función clave en la construcción de la afectividad de la persona.

El desafío actual es que todos nosotros, padres y madres, adoptemos a nuestros propios hijos biológicos, los saquemos de la orfandad en la que viven. Cada vez que actuamos e intervenimos, estamos sacándolos de la orfandad y estamos haciendo de padres. Podemos dar una respuesta desde el "sí" o desde el "no". En cualquier caso será desde el afecto. Adoptar a nuestros propios hijos, es decirles que los queremos, es frustrar con amor, es decir "yo estoy aquí", es presencia cotidiana. El ser padre y madre se vive diariamente, en acciones y decisiones, reflejando nuestro mundo de valores y transmitiéndolo a nuestros hijos.

Como afirmaba en el capítulo anterior en relación con la necesidad de educar en comunidad, educamos incluso a los hijos de los amigos, de los vecinos. A ellos también les trasmitimos nuestro mundo de valores. No podemos no involucrarnos cuando de niños se trata; siempre estaremos dando algún tipo de respuesta, incluso por omisión.

En la medida en que incorporemos esta idea de cómo ser padres, aquellos padres que no han procreado biológicamente pero que son padres, podrán ejercer su paternidad con libertad y convicción, sin sentirse "menos padres" por no haber provisto los genes. La adopción es un acto de amor, es hacerse cargo de esos hijos para que "vuelvan a ser parte de la tribu".

Vale recordar la plasticidad neuronal que posee el ser humano. A su vez, la investigación científica sigue comprobando que nuestros genes nos condicionan pero no nos determinan. La base genética se va nutriendo con las vivencias, con el entorno, la alimentación, el temperamento, la educación. Todos conocemos familias en las que los hijos no biológicos terminan pareciéndose al padre o madre adoptivos; personas que al envejecer juntas terminan pareciéndose entre sí. Gracias a las "neuronas espejo", al aprendizaje por imitación y a la importancia del ambioma, los seres humanos podemos transformarnos, encontrarnos, unirnos, parecernos.

Quizás de esto se trate, que padres e hijos puedan parecerse, más allá de haber un lazo genético o no. No nos referimos a mimetizarse, sino a formar parte de la misma familia, con todo lo que eso implica, afianzando las diferencias para celebrar las semejanzas. Los genes no bastan para ser padre. Son necesarios los vínculos, los ritos familiares compartidos, las caídas, los golpes, las alegrías, el contacto, el celebrar juntos.

Nos vamos moldeando genética y afectivamente unos a otros en casa, en la escuela, en el trabajo, en la sociedad en que vivimos.

Reconciliarnos con nuestros padres y dejar de ser hijos

Para poder adoptar a nuestros propios hijos, debemos dejar de ser hijos de nuestros padres. ¿Qué significa esto? Siempre que tengamos una actitud de reclamo emocional hacia nuestros padres, estaremos en una postura inmadura, más allá de nuestra edad. A veces nos cuesta madurar y seguimos reclamando. El reclamo nos ahoga; es rencor, impotencia, agresividad contenida que a veces explota y terminamos dañando en lugar de reconciliarnos. La queja es comprensible en un niño, pero el adulto deja de quejarse y pasa a la acción. Dejar de ser hijo es abandonar la actitud emocional inmadura, en todos los ámbitos, no solo en el vínculo con nuestros padres. Si nuestros padres aún viven, podemos encontrar la manera de agradecer y dejar de reclamar.

Solemos guardar rencores y culpas que se instalan en el alma y no nos dejan madurar. Nos cuesta crecer, dejar de ser adolescentes, para poder agradecer lo vivido y seguir adelante.

El pensamiento determinista y lineal nos lleva a pensar: "yo soy así por lo que me pasó cuando era niño, por lo que mis padres no me dieron o me dieron de más". Nos cuesta ser padres porque no queremos que nuestro hijo sufra lo que nosotros sufrimos. Charlando con padres en la consulta y en talleres es muy común escuchar "no quiero que mi hijo sufra lo que yo sufrí de niño". "No quiero que a él le pase lo que me pasó a mí". "Mis padres no tuvieron tiempo para explicarme las cosas, por eso yo me tomo todo el tiempo del mundo para explicarles todo". "Mi madre no estaba nunca en casa, por eso yo dejé de trabajar para estar todo el tiempo con ellos y jugar todo el tiempo". "Mi padre fue un padre frío y rígido, por eso yo trato de ser flexible y preguntarles siempre a ellos lo que opinan y que decidan".

Tanto dolor, tanta culpa, tanto rencor acumulado en cómo fuimos educados, nos puede inhabilitar en nuestro rol actual. O, peor aún, intentamos sanar nuestro vínculo con nuestros padres, pretendiendo hacer lo contrario con nuestros hijos. Son realidades diferentes.

Vamos paso a paso. Nuestro hijo no va a sufrir lo que nosotros sufrimos, porque cada sufrimiento es único y personal. Ojalá él pueda aprender de los sufrimientos que le toque vivir, como nosotros aprendimos de los nuestros. Pero evitar que sufran no solo es una utopía, en cuanto inalcanzable, sino que también es poco deseable. El sufrimiento le templará su carácter y lo hará más sensible para vivir y captar los momentos felices de su vida. Este argumento nos enfrenta a la realidad de cuán difícil es valorar lo que nuestros padres hicieron por nosotros y qué fácil es juzgar a destiempo.

Creo que la psicología determinista ha contribuido a este "fatalismo social", esta "neurosis paternal colectiva" de educar leyendo un libro o consultando al técnico. Se dejó de lado el consejo de la abuela o de los propios padres así como la intuición que nos guía desde el amor. Llegamos entonces a la conclusión de que "yo no sé cómo actuar" y eso frustra aún más a los padres, que por intentar educar sin traumar, terminan no educando y siendo víctimas de sus propios hijos.

Para salir de la postura fatalista y determinista, necesitamos hacer las paces con nuestra historia. Si usted está leyendo esto, se encuentra en esta situación, le invito a hacer las paces con tu pasado. No afirmo que simplemente leyendo un libro esto se logre; quizás charlar con alguien pueda ser necesario en cierto momento. Pero intentemos visualizar lo que nuestros padres hicieron por nosotros en su momento para poder sanar y encaminarnos hacia el perdón. Creo que todo proceso de psicoterapia nos debe llevar hacia el perdón, desde ahí parte el camino hacia nuestra propia responsabilidad, paz mental y espiritual. Les pido el coraje para agradecerles. No los juzguemos a destiempo, parafraseando a Benedetti, no los pensemos sin sangre, no nos quedemos inmóviles (ataques de pánico) al borde del camino, no congelemos la alegría de vivir, no queramos con tibieza, con desgano, no nos quedemos sin labios, para contagiar que se puede educar, ser padre y docente en este mundo, aquí y ahora.

Aquel que hace la paz con su historia, vive sereno, sin cuentas pendientes, vive en paz, porque ha agradecido, no se siente deudor ni que le deben nada, se siente una persona vital cuyo pasado es el trampolín para su presente y no un ancla que lo ata y al cual debe recurrir para "justificar" su apocada vida, su tibia vida, su vida a medias.

Amor fati, decía Nietzsche, "ama tu destino", crea un destino que puedas amar. Somos responsables de crear un futuro y luego amarlo y aceptarlo. Si soy responsable del mundo donde vivo, acepto todo lo que viví, todo lo que estoy viviendo y lo que viviré. Menuda tarea nos desafía Nietzsche. Aceptar para poder seguir y vivir responsablemente.

Ama tu destino: crea un destino que puedas amar.

Cuando uno ve a una persona atada a su pasado, se da cuenta de por qué siente que no puede cambiar su vida. No hay justificación que valga para una vida vacía. Llega un momento en que uno debe dejar de justificarse y debe asumir su cuota de responsabilidad frente a sus decisiones.

Premisa para frustrar sin culpa: dejar de ser hijo de mis padres, para pasar a ser padre de mis hijos

El gran psicoterapeuta existencial Irvin Yalom, en su libro *Mamá y el sentido de la vida*, relata la historia (autobiográfica) de la relación de un hijo ya adulto con su madre y el sentido de la vida de ambos. Yalom usa este relato para explicar cómo el sentido de la vida es único y que cada uno tiene que hacerse cargo del propio. La madre ha vivido para y por su hijo, el hijo se transforma en un gran escritor y la madre acumula sus libros a pesar de que, ya mayor, está ciega y no los entiende. El hijo sueña con su madre ya fallecida y se pregunta cómo sigue necesitando de su aprobación a pesar de ser un adulto independiente desde hace mucho tiempo.

Vemos en este relato un vínculo conflictivo, revelándose en la primera mitad del cuento la vivencia del niño: su enojo hacia su madre, la vergüenza que sentía, la difícil comunicación y falta de comprensión total; luego en la segunda mitad el relato cambia de sentido. La madre le responde al hijo y muestra su visión de la vida y de la relación entre ambos, con sus vivencias y sufrimientos.

Sin reconciliación no hay futuro

> La primera señal de que uno se está volviendo viejo, es que empieza a parecerse a su propio padre.
>
> Gabriel García Márquez

Escriba una carta a su padre, a su madre o a ambos, vivan o no. Se trata de un pequeño momento íntimo, no tienen que ser muchas líneas. Un momento para sentir y despedirse. Recuerde que solo somos adultos cuando dejamos de "ser hijos". Si me descubro en actitudes de reclamo hacia mis padres, se trata de una actitud de "hijo". Al escribir, nos reescribimos. Este ejercicio es una oportunidad para dialogar con nosotros mismos y volver a escucharnos.

Algunas ideas palabras para comenzar:
- Mamá/Papá, gracias por...
- Mamá/Papá, estoy orgulloso de ti por...
- Mamá/Papá, te perdono por...
- Mamá/Papá, ahora sigo con mi vida…

Pasos hacia la adopción espiritual
de nuestros propios hijos

La invitación es a hacer las paces con su historia, reconciliarse con sus padres, con cómo le educaron.

Los objetivos son:

- Aceptar a su familia, su temperamento, su ciudad, su sociedad, su mundo.
- Amar su destino.
- Tomar su vida en sus manos.
- Salir de la tristeza, del reproche y de la apatía.
- Contagiar el entusiasmo, educar sin miedo y sin culpa.
- Tomar decisiones, no empachar, frustrar a tiempo y transmitir su legado, valores y expectativas.
- Agradecer lo vivido.

Haciendo las paces con mi historia

Lo invito a responder estas preguntas.

- ¿Cómo fue mi infancia y adolescencia?
- ¿Tengo buenos y malos recuerdos? ¿Cuáles son? Elijo tres.
- ¿Qué reprocho o reclamo a mis padres?
- ¿He hecho la paz con ellos y conmigo?
- ¿Me cuesta abrazarlos, agradecer y perdonar?
- ¿Cómo me proyecto como padre/madre?
- ¿En qué cosas me dicen que me parezco a mi padre/madre?
- ¿En cuáles aspectos me gusta parecerme y en cuáles no?

Amar es soltar

Uno solo conserva lo que no amarra.

Jorge Drexler

Viktor Frankl creó el concepto de inconsciente espiritual. Un concepto que aglomera muchos otros, pero que esencialmente hace referencia al espacio donde viven nuestras posibilidades, la confianza en el futuro, la libertad de la persona. Lo espiritual es lo libre en el hombre. La dimensión existencial (no religiosa) es la dimensión sana de la persona que le permite tomar una actitud frente a lo que le pasa. Es la dimensión que nos hace personas, que muchas veces está restringida por los condicionamientos biológicos, psicológicos y sociales. Gracias a esta dimensión, la persona vive para desarrollar sus posibilidades. Solo soltando y confiando podemos ver de lo que somos capaces y actualizar así nuestra potencia para hacerlo realidad. Confiar en el inconsciente espiritual es confiar en el futuro y en la vida.

La psicología tradicional es una psicología muy teñida de lo racional y lo intelectual, y Frankl, siguiendo la tradición de otros humanistas, como Jung, aporta la confianza en lo intuitivo y emocional. Cuesta confiar, sobre todo cuando venimos de un modelo basado en la razón y en las explicaciones.

Educar para confiar es un aporte clave para perder el miedo y dejar así que la vida siga su curso y su fluir. Nos cuesta fluir, nos cuesta entregarnos a la vida, especialmente cuando el miedo nos paraliza en nuestro accionar cotidiano y más aún, cuando estamos educando.

No se puede amar con control ni educar con miedo a equivocarnos. Si nos equivocamos, nuestros hijos nos perdonarán dicho error, porque saben que nos guiaba el amor. El que ama se regala, se entrega, el que ama confía y sin dudar dona su tiempo y sus creencias para seguir nutriendo a los demás.

El amor que retiene no es sano, asfixia. El amor sano suelta; de esto trata el análisis existencial del mito de Edipo: salir de casa para amar afuera. Lo que desea todo padre y madre es que sus hijos sean capaces de "amar afuera". El que se queda "amando adentro" corre el riesgo (no siempre, claro está) de no desarrollar sus posibilidades. De ahí que, muchas veces, en la consulta dé la siguiente "receta" a padres de hijos miedosos, con dificultad para salir al mundo: "menos mamá y más papá". O sea, menos sobreprotección y más frío. El frío lo enfrentará a las posibilidades, a los recursos, a aprender a cuidarse solo y abrigarse solo.

Para curar miedos (fobias): menos mamá y más papá

Veamos una "historia de vida" (no "caso", por favor) para ilustrar. Unos padres me consultan porque están preocupados por su hijo. Se trata de Martín, tiene 20 años, lo describen como introvertido, pasa el tiempo entre su cuarto y la computadora. Sale poco con amigos, está en 2° año de Derecho, no sabe si es lo de él pero está cursando. La madre se queja de que es poco expresivo y el padre reconoce que él es igual de introvertido.

Ellos me plantean la preocupación de no poder comunicarse con su hijo. En el diálogo surgen varios temas, primero el temperamento. El ser introvertido no es negativo en sí mismo, son personas más íntimas, más profundas, de pocos pero buenos amigos, pero sí son calladas, tienen más vida interior. En el lado opuesto están las personas con temperamento extrovertido, más habladoras, dinámicas, con una energía que se expresa hacia afuera. Todo temperamento tiene sus fortalezas y debilidades. Para el introvertido, el riesgo es el aislamiento, el encierro en sí mismo. Pero Martín es coordinador de un grupo en su antiguo centro educativo, sus amigos van a su casa. Es decir que en principio no parecería estar aislado. Avanzado el encuentro, la madre afirma "a mí no me devuelve los abrazos", los demás hijos sí pero él no. Y hace poco en la mesa me dijo "me estás cansando", agrega la madre: "nunca lo había dicho y me afectó".

La madre, como dice el pediatra francés Aldo Naouri, tiene miedo de que su hijo no la quiera. El temor es característico de la posmodernidad. Los abuelos educaban sin esperar ser queridos por sus hijos. Esta madre, en cambio, espera el abrazo para confirmar el cariño. La reacción del hijo, por otro lado, confirma como dice Naouri, que Martín tiene 20 años de edad cronológica, pero 13 de edad de maduración psicoafectiva. La madre dice: "yo necesito ese abrazo y él también". A lo cual le respondí: "Usted precisa el abrazo de su esposo, pero no precisa el de su hijo, ni su hijo precisa del suyo. Por eso él se quiere separar y le dice que está cansado". Debe separarse para construir su subjetividad. Pero le da miedo y por eso le cuesta salir del nido. Es muy difícil separarse de "madres sobreprotectoras". "Madres Vestales" llama el pediatra francés a las madres cuya afectividad depende de que el hijo las quiera.

Nuestra afectividad no puede depender del abrazo de nuestros hijos. Claro está que el que nos quieran es parte del vínculo, pero debemos estar firmes para aprender a soltar. Si no, lo que retengo (mi hijo) me retiene y, a su vez, se retiene a él en su propio desarrollo como persona.

Estos siete años de diferencia se deben en gran parte a la actitud parental sobreprotectora. Por lo tanto, lejos de separarse del hijo, la recomendación fue "menos mamá", o sea, "menos sobreprotección" (sea del padre o de la madre, pero en esta familia estaba depositada en la figura de la mamá, como ella misma reconoció). Luego, la invitación fue a que asumieran una actitud "más padre". Es decir, una presencia del padre más firme en el diálogo, en las salidas y en las dudas.

El padre pudo comprender (porque él mismo es introvertido) que Martín fuera así, pero tenía miedo. Un padre con miedo no puede educar ni puede dar seguridad. La explicación de los siete años menos le permitió a los dos entender la maduración de Martín y generar cambios en el actuar de cada uno.

Es muy difícil para un hombre (me incluyo) entender el amor de madre. Solo quien supo retener, conoce el amor que implica soltar. Los varones somos más de soltar: nuestros vínculos son, en general, más "sueltos", nos cuesta sostener, preservar. Es por eso que esta mamá se fue emocionada de la consulta: se dio cuenta (*insight*, ver para adentro) de su actitud y asumió la misión de intentar cambiar. Parte esencial de esa misión será dejarle lugar al padre y permitir así que actúe. El padre no es padre hasta que la madre no le dice al hijo/a, "este es tu padre". Y ese decir no es necesariamente explícito, sino que se manifiesta en las actitudes y el lenguaje cotidiano, fundamentalmente en el no verbal. El niño percibe entonces que la madre deja entrar al padre en ese mundo que antes (en los primeros meses de vida) era solo de dos; le da lugar para que aparezca.

Se escucha con demasiada frecuencia que "no hay padres" o "el padre está físicamente pero no presente". Se necesita estar presente para que esa "función paterna" se cumpla y se logre separar la díada madre-hijo, sacándolos del "abismo de la maternidad", en expresión del propio Naouri. Gracias a esta separación y a la función normativa es que el niño podrá afirmarse de a poco en su propio Yo que se va construyendo.

Algunos testimonios

Es importante aclarar que ningún ejemplo o testimonio pretende ser modelo de nada. Como dijo Jean Laplanche, uno de los autores del célebre diccionario de psicoanálisis Laplanche-Pontalis, cuando estuvo de visita en Montevideo y se le pidió que ejemplificara: "no doy ejemplos". Explicó que entre los profesionales que asistían a sus charlas era frecuente buscar el "caso" similar para aplicarlo, pero cada historia y cada encuentro existencial son únicos.

Así, los siguientes testimonios solo pretenden ser una guía para que el lector se ubique en su realidad y pueda sentir si estas palabras tienen que ver con lo que vive en la intimidad de su familia. Tienen como único objetivo iluminar con situaciones similares a las que el lector pueda haber vivido y señalar caminos que construyen y favorecen el "soltar" como un paso clave en la formación de la autonomía de la persona. Si crecer es animarse a soltar, retener irá en desmedro de la confianza, autoestima y crecimiento del niño. Como dice el poeta Pessoa, Cargo conmigo las heridas de las batallas que he evitado.

Solo quien supo retener, conoce el amor que implica soltar.

Historia matinal: la vianda

Una familia se prepara de mañana para ir a la escuela. La esposa le dice al marido: "no hubo tiempo de preparar las viandas, así que te pido les encargues la comida en la escuela". Todo transcurre normalmente, se despiden y se van. Los niños quedan en la escuela y los padres van a sus trabajos respectivos. A las 4 pm, la hija mayor llama al padre, en actitud jocosa y de reclamo le dice: "¡Papá, te olvidaste de encargar la vianda!". El padre cae en cuenta del olvido, no tiene como defenderse ni justificarse. Le pregunta a su hija: "¿Qué hiciste?". La hija responde: "tenía dinero guardado de otros días y la encargué yo misma. "El padre se queda preocupado por su hijo menor, que no suele andar con dinero y cree que nunca había enfrentado una situación así. Se queda preocupado por si lo habrá podido resolver. El hijo de 7 años llega tranquilo a la casa y el padre le pregunta: "¿cómo te fue?, ¿no te pasó nada en la escuela hoy?". El niño responde muy animado: "Ah, sí Papá, no había vianda para mí, entonces tuve que encargarla yo solo, ir a la cantina y anotar, y José me compartió la merienda. Mañana debo llevar algo para compartir con él".

El padre respira aliviado, zafó del rezongo de la madre o de la culpa que él mismo sentía por su error y por su estrés. Los hijos nos enseñan, gracias al error: la hija mayor manejó la situación sin estresarse o con el mínimo estrés necesario para saber que hizo bien en guardar dinero de días anteriores. Su hijo menor, el que más le preocupaba por ser más sobreprotegido, fue capaz de resolver, desarrollando habilidades sociales. No se orinó, no reclamó, no hizo *bullying*, no se paralizó ni dejó de hacer los deberes. Lo manejó con autonomía y con confianza. Un hecho aislado y cotidiano que todos nuestros hijos viven y vivirán en mayor o menor grado. Seguramente encontraremos variados ejemplos con los cuales cada uno pueda identificarse más o menos.

Esta viñeta nos deja como enseñanza que no podemos estar en todo como padres y que no es deseable que intentemos estar en todo. En el intento de controlar todo, vivimos más estresados, nos angustiamos y, fundamentalmente, anulamos la capacidad de nuestros hijos para anticiparse a lo que pasará, para manejar los imprevistos, para tener la oportunidad de usar sus recursos personales, la creatividad y la tolerancia a la frustración.

Suelo decirles a los padres: "¿Usted quiere saber qué grado de autonomía tiene su hijo? Prométale que le manda la vianda y luego no se la mande, y veamos qué pasa al regreso. Esta sugerencia genera algo de nerviosismo en el auditorio, pero si nos detenemos a pensar, hemos vivido situaciones similares con olvidos de deberes, llegadas tarde o tantas otras dificultades que no son más que oportunidades para el crecimiento. Nadie escapa a esto, porque es la vida misma pidiendo permiso para revelarse, para lo imprevisto y lo espontáneo.

Es un ejercicio que pone en práctica nuestra capacidad para soltar y para ver luego el efecto positivo de haber soltado. Imaginemos la cara de alegría del niño al ver que pudo resolver solo la comida del mediodía o que tuvo que encontrar la alternativa a la tabla de dibujo olvidada en vez de llamar a la mamá o al papá para que rápidamente se la alcance en algún recreo. Soltar es animarse a que nuestro hijo se frustre, pero también es ser testigos del fortalecimiento que logra con dichas pequeñas frustraciones cotidianas.

Semana de la vianda

En complicidad, padres y maestros, sin que se enteren nuestros hijos, preparamos el "día sin vianda", "día sin tabla de dibujo" o el "día sin cuaderno". Cada uno opta por lo que tiene a su alcance. El objetivo del ejercicio es observar el grado de autonomía y de tolerancia a la frustración de nuestros hijos. Si aparece el enojo, la dificultad para resolverlo, el estrés, tendremos elementos para pensar que lo estamos sobreprotegiendo demasiado. Será importante tener en cuenta otros aspectos como el vestirse, bañarse, atarse los cordones, etc. Si no tiene autonomía en estos aspectos, es probable que no sepa hacer frente a un imprevisto.

Será una oportunidad para "darnos cuenta" de lo que no somos conscientes en la rutina diaria y poder así cambiar de actitud. Siempre estamos a tiempo de cambiar de actitud para poder ayudar a nuestros hijos a que se manejen con creatividad frente a los imprevistos y con la capacidad de levantarse luego de un tropezón. A su vez servirá para que los padres revisemos nuestra actitud de dejar todo pronto. Conviene, de vez en cuando, no ser un "padre perfecto". Quizás nuestras imperfecciones ayuden a que nuestros hijos amen sus propias imperfecciones.

Para que los padres aprendan a soltar

Le invito a responder estas preguntas.
* ¿A cuál de mis hijos me cuesta soltar más? ¿Por qué? (no incluir a su marido/esposa, por favor).
* ¿Por qué me cuesta soltar?
* ¿Cuáles son las situaciones que más miedo me dan? ¿Por qué?

Trata de identificar sus sentimientos y póngales en palabras
* ¿Miedo a qué?, ¿a qué se lastime? ¿A qué se caiga?

Una vez que tomó consciencia de que soltarlo lo hará más autónomo, más confiado, más seguro, responda estas preguntas.
* ¿Puedo confiar ahora?
* ¿Cómo me siento al retener?
* ¿Me siento asfixiada/o al estar al tanto de todo, al tener que resolver todo?
* ¿Soltar, me puede ayudar a aliviar?
* ¿En qué otras áreas de mi vida me cuesta soltar, desapegarme?
* ¿A qué otras personas o cosas soy apegado/a?

Represión del futuro

La vida es una serie de colisiones con el futuro; no es una suma de lo que hemos sido, sino de lo que anhelamos ser.

José Ortega y Gasset

Si Freud nos enseñó que podíamos enfermar si reprimíamos nuestro pasado, Frankl nos enseña que enfermamos si reprimimos nuestro futuro. ¿Cómo se puede reprimir lo que todavía no vino, lo que todavía no vivimos? Cuando vamos creciendo, vamos "colisionando" con el futuro, como dice Ortega. Siempre nos estamos enfrentando a lo posible, por eso somos "posibilidad". El futuro es el tiempo que somos; "Lo que anhelamos ser", dice el filósofo. De eso se trata, de crecer gracias a nuestros "anhelos", sueños y ambiciones. Si reprimimos en nosotros mismos y en nuestros hijos estos anhelos, sueños y deseos, los dejaremos estancados en un presente congelado.

Cuando se reprime el futuro se vive en la nostalgia, nos quedamos prendidos al pasado. El futuro es el valor que nos llama, es el motivo del presente. Sin futuro, el presente nos ahoga y asfixia y buscamos refugio en el pasado. Cuando hay futuro, el presente se despliega y el pasado deja de ser una morada segura para ser un trampolín que nos proyecta. La vida es un proyecto, nos lanza hacia delante. La esperanza se despierta y el entusiasmo se aviva y nos anima cuando vencemos el miedo al futuro.

Sin embargo, el futuro puede verse negro; la gente tiene miedo de vivir, miedo de hacer, de salir de casa, de llegar a casa, a su trabajo, a su jefe. Se educa a la defensiva, se trabaja a la defensiva, se ama a la defensiva. No se puede vivir con miedo. Se puede, si nos anestesiamos un poco; vivimos tibiamente y así seguimos haciendo "como si" viviéramos. Salir de la postura "defensiva" para tomar una postura proactiva que contagie entusiasmo es nuestro desafío como padres y educadores, en el fondo como personas.

El filósofo argentino Alejandro Rozitchner afirma que la salud se mide en proyectos. Recuerdo siempre al tenor uruguayo José Soler a quien Plácido Domingo invitó a cantar en el Estadio Centenario. Al día siguiente del recital, cuando lo entrevistó la prensa, José Soler, de 90 años, dijo: "Nunca pensé que iba a debutar en el estadio". Imagino cómo habrán sido esos días o semanas previos, cuando la organización del recital le confirmó que Plácido Domingo quería cantar con él. Me imagino el entusiasmo de don José, su preparación, el nerviosismo antes del debut.

Siempre estamos debutando y aquella persona que se queda sin proyectos, se pierde el debut, "el mundo se le viene encima". No puede llenarse de vida para debutar y vivir "saludablemente". Aquel que no alimenta sus proyectos, no tendrá la vivencia de "debut", más allá de la edad cronológica. Podemos tener 15 años y ser viejos si no somos "curiosos". La curiosidad, por su etimología, está relacionada con "cuidados", "cuitas". Es decir que ser curioso se relaciona con ser cuidadoso, cuidar, con un verdadero interés por alguien o algo. Utilizamos la palabra "curioso", en sentido peyorativo, para referirnos a aquel que se mete en lo que no le corresponde, cuando no hay real interés o motivo.

Pero si tenemos esa sana curiosidad de meternos en el mundo y cuidarlo, cuidar del otro, cuidar de dónde venimos, estaremos vivos y seremos saludables. En cambio, perder esa curiosidad es como un "dejarse envejecer lentamente".

Me aburro, luego existo

En el mundo actual prima la anhedonia, el vacío, la rutina, la cultura del entretenimiento. La civilización del espectáculo, al decir de Mario Vargas Llosa, sale al encuentro de la gente aburrida para venderle su juguete de turno. Al estar aburridos no nos damos cuenta de que somos "carne de cañón" para los expertos en divertir y que nos prometen anestesia para que no nos preguntemos mucho: ¿por qué estamos aburridos?, ¿tiene sentido lo que hacemos?, ¿puedo cambiar mi vida? Estas preguntas que nos hacemos en silencio las aquietamos y reprimimos al jugar y divertirnos para huir de nosotros mismos.

Me preocupa la cantidad de gente que se aburre con sus vidas, se aburre con su trabajo, con su casa, con la familia; cocinan aburridos, trabajan aburridos, hacen el amor aburridos por y para cumplir, tienen poca capacidad para disfrutar y valorar la vida. Aburridos crónicos, que nos cruzamos en la calle, en nuestros trabajos. La gente dice "vengo a trabajar y me encuentro con estas caras". Nos cuesta ver que esas caras son el reflejo de nuestra sociedad. Nos cuesta ver que "el otro del otro soy yo" y que, por lo tanto, quizás mi cara no ayude muchas veces. Tenemos que cambiar primero nosotros, para luego esperar el cambio en el otro.

La gente pulula por la vida, con cara aburrida, llenando los shoppings de gente supuestamente feliz por consumir, aunque también se aburren consumiendo, ya que la excitación de la nueva compra dura lo que a un niño el helado. Luego hay que ir por otra cosa, por algo nuevo que nos llene. Cuando aparece el vacío existencial, nada nos llena, nada nos satisface ni nos completa. Podemos consumir y sentirnos vacíos al mismo tiempo. Podemos consumirnos al consumir y llenar la casa de cosas que no nos llenan. Vanidad, llenos de nada.

Desde nuestro rol de padres y docentes, ¿cómo podemos contagiar alegría y felicidad, si estamos aburridos, si no podemos salir nosotros de esa sensación y nutrir a nuestra comunidad de entusiasmo?

Nutrientes de entusiasmo hacen falta en nuestra sociedad pesimista. Sociedad que padece déficit de aspiraciones, de sentido, de sueños, de futuro. No sabemos a dónde ir, ni dónde ubicar nuestros sueños y proyectos. Caminamos indispuestos, quejándonos de lo llenos que estamos muchas veces en lugar de ver que lo incompleto nos permite caminar.

La salud se mide en proyectos

Lo invito a responder estas preguntas.
- ¿Qué cosas me dan sincera curiosidad?
- ¿Confundo estar lleno con felicidad?
- ¿De qué cosas preciso vaciarme?
- ¿Cómo manejamos nuestras adicciones y sensación de aburrimiento?
- ¿Cuáles son nuestros proyectos de vida?
- ¿A quién estoy descuidando?

Veamos las variables que influyen para la conquista de la felicidad. La felicidad como aspiración.
- ¿Me preocupo y ocupo por los demás?
- ¿Me preocupo por la comunidad donde vivo?
- ¿Me preocupo por mi país?
- ¿Me preocupo por la tierra donde vivo?
- ¿Me preocupo por el ejercicio físico?
- ¿Me preocupo por leer un libro nuevo, ir al teatro, al cine?
- ¿Me preocupo y no me ocupo?

Finalmente, lo invito a que escriba tres proyectos para este año.

1. _____

2. _____

3. _____

¿Cuándo nos robaron el entusiasmo?

"María perdió el entusiasmo por el deporte. José no está más entusiasmado con su trabajo. Fulano se separó porque su pareja no le entusiasmaba como antes" ¿Han escuchado estas frases? Todos los días, en palabras de amigos, de colegas, de pacientes. ¿Quién nos robó el entusiasmo? ¿Cuándo? ¿Lo teníamos antes? ¿Cómo se vive sin entusiasmo?

Siempre me ha gustado saber la etimología de las palabras. La palabra entusiasmo deriva del griego *entheos*, (*en* más *theos*), "que lleva un Dios dentro de sí", "inspirado por los dioses", "con vida". Elija la acepción con la que se siente mejor identificado. Se podría decir que entusiasta es aquella persona que contagia ganas de vivir, que inspira a otros, que tiene vida para dar.

¿Quién te contagia ganas de vivir? ¿A quién contagias tú? Hagámonos preguntas que nos provoquen cosquillas en el espíritu para dar luz a este tema apasionante y estimulante. ¿Cómo ayudar para que los adultos y jóvenes vivan y contagien entusiasmo y se la jueguen por sus sueños? ¿O ya no tenemos sueños? ¿No sabemos qué soñar? ¿No nos podemos proyectar?

El déficit aspiracional es una expresión que describe el sufrimiento de no poder o no saber tener aspiraciones, o tenerlas pero no poder ser perseverantes para que se hagan realidad. Es carencia de aspiraciones, de respiraciones, de vida, de aire. Aspiraciones, aspirar: otra linda palabra para ver su etimología. Viene del latín *aspirare* y significa "atraer aire a los pulmones". Está emparentada con "respirar". Cuando respiramos, nos damos cuenta de que estamos vivos; por eso se han vuelto tan importantes las diversas maneras de meditar, el yoga, técnicas que nos insisten en: "aprender a respirar" o "darnos tiempo para respirar".

Una frase que escuchamos con frecuencia es: "no tengo tiempo ni para respirar". No es una metáfora, es una realidad. No respiramos bien, no oxigenamos nuestro cerebro, lo cual redunda luego en varias enfermedades y sobre todo en toxicidades que no logramos expulsar. Darnos tiempo para meditar cada día y respirar, permite la entrada de aire a los pulmones.

Y ¿si le sumamos un plan a nuestro día y a nuestra vida? ¿Qué quiero hacer hoy? ¿Qué es importante para mí? Frente a estas preguntas aparecerán mis aspiraciones. Las aspiraciones se conectan con el entusiasmo, nos llenamos de aire, nos llenamos de vida y agradeciendo por estar vivos, podemos contagiar a los demás. Podremos entonces ayudarles a salir del déficit aspiracional, de la apatía, del aburrimiento, del tedio, del celular, de la play, de la TV, de la computadora.

Les pregunto a los adolescentes "¿qué hacen cuando están aburridos?" Me responden: "entro al face (ya no se dice "prendo la compu", porque siempre está prendida), estoy en la compu...".

También la palabra "aspirar" está conectada con inspirar. ¡Cuánta falta hacen líderes que inspiren, que contagien con su ejemplo para que creamos que los sueños son realizables! Llueven los cursos de liderazgo pero para que alguien lidere se precisa que inspire, que logre "insuflar aire" en los pulmones para poder seguir.

Respirar para poder así aspirar (tener aspiraciones).

No es extraño que en las consultas de psicólogos, psiquiatras y centros educativos hayan crecido los "ataques de pánico". Los llamados ataques de pánico pueden traducirse simplemente en angustia. Esa angustia se refleja en algunos síntomas físicos como taquicardia, dificultad para respirar, hiperventilación pulmonar, temblores o mareos, miedo de salir de la casa. Analicemos estos síntomas:

1. Taquicardia (me late muy rápido el corazón): contacto directo con el corazón, centro del alma, de lo que quiero para mi vida de lo que siento.

2. Dificultad para respirar: a la persona le falta el aire y siente que tiene que bajarse del ómnibus, abrir la ventana o salir a la calle para respirar. (Si vieron la sublime película *Blue Jasmine*, la protagonista sufre esta angustia todo el tiempo, y debe salir a respirar porque se ahoga).

3. Temblores, mareos. Producto de lo mismo: al faltarle el aire, la persona se siente mareada.

4. Miedo a salir de la casa: justamente por temor a que venga el ataque de pánico en plena calle. La persona termina aislándose, encerrada en su mundo, para poder tener el control y vivir sin angustia.

Volviendo a nuestros jóvenes y su falta de entusiasmo, este incremento en las consultas por ataques de pánico refleja, desde el enfoque existencial, miedo a vivir, fobia a los proyectos, miedo a salir de casa, en definitiva, miedo a "tomar la vida en mis manos".

Para que los jóvenes vivan con entusiasmo, será clave nuestra actitud como adultos: ¿cómo vivimos nosotros?, ¿no tendremos algo de responsabilidad en que estén sin proyectos? Los jóvenes reflejan nuestras actitudes y valores. Si los adultos sufrimos de depresión, apatía, aburrimiento y falta de sentido, será muy difícil que nuestros hijos absorban por ósmosis las ganas de vivir.

La autotrascendencia es la capacidad de "salir de uno mismo".

¡No saben lo lindo que me fue hoy en mi trabajo!

Lo invito a que cuando llegue a su casa diga en voz alta a sus hijos: "¡no saben lo lindo que me fue hoy en mi trabajo!". Es posible que sus hijos digan: "Papá/Mamá: ¿Qué pasó, te subieron el sueldo? ¿Cómo es que llegas contenta/o del trabajo?".

Tendríamos que reaprender lo que implica gozar, disfrutar. Estamos tan confundidos que creemos que placer es ir de compras. El verdadero encuentro humano se da en el silencio y en disfrutar el compartir. El gozo verdadero es lo que nos lleva a agradecer lo vivido y nos predispone a amar a los demás. Lo otro nos lleva al egoísmo, individualismo y a querer todo para sí. Autosatisfacción. Autodidacta...

Consejos para superar el déficit aspiracional

- Si estás angustiada/o por algo, no luches por evitar la angustia, escribe, dibuja, pinta, planta, llama a alguien para hablar o escucharlo. La angustia y el miedo pueden traer "bendiciones disfrazadas".
- Alienta a alguien, aunque tú estés mal. Verás que te sentirás mejor respecto a tus propios sufrimientos. Viktor Frankl cuenta que muchas veces terminaba reconfortado luego de consolar a los demás, incluso cuando él mismo estaba mal.
- Deja de pensar en ti mismo, entrégate a algo o a alguien. Sal de ti mismo/a y te encontrarás. Sal de tu mente, de tu razón y entra en la vida de alguien.

Del hacer al ser: matarse trabajando

> Yo quisiera ser médico de almas, no para un "mecanismo psíquico" corrompido, ni para un "aparato" psíquico en ruinas, ni para una máquina deshecha, sino sólo para lo humano en el enfermo que se haya detrás de todo ello y para lo espiritual del hombre que está por encima de todo ello.
>
> Viktor Frankl

Nuestra vida está ocupada en gran parte por nuestras actividades laborales y ocupaciones. En ese sentido, es importante formar personas con destrezas y habilidades intelectuales, prácticas y técnicas. Vivimos en una sociedad del conocimiento, donde la exigencia es diaria para incorporar, reciclar y poder manejarse en el mundo. Sin embargo, afirma Savater: "Todo eso es una parte de la educación. Podemos tener grandes habilidades técnicas o pragmáticas y sin embargo ser invisibles o incompatibles con los demás. Ha habido sociedades técnicamente muy desarrolladas en cambio humanamente muy atrasadas".[5]

El mundo de hoy es el mundo de las "competencias"; debemos ser "competentes" en lo que hagamos. Los currículos liceales y universitarios intentan centrarse en el hacer más que en el ser. Si esto se perpetúa, seremos testigos y cómplices de una antropología sin sujeto, donde el ser humano queda famélico y vacío en su "hacer".

---

5. Entrevista a Fernando Savater. Disponible en: http://www.espectador. com/sociedad/251385/fernando-savater-la-sociedad-deberia-exigir-una-educacion-que-forme-ciudadanos-y-no-solo-personas-habiles-para-trabajar

Feliz quien puede ser sin hacer, ya que encontrará el sentido antes de hacer. En las sociedades donde prima el "estilo patriarcal" (hago, luego soy), sufrimos si no tenemos nada que hacer. ¿Quiénes somos si no hacemos nada? Si tapamos esa pregunta interior y el vacío que sentimos, es posible que lo reprimamos y luego crezca una sensación de sin sentido, de apatía y aburrimiento. El vacío existencial, que describió hace años Viktor Frankl, queda claramente demostrado en una sociedad que premia el hacer (las competencias) por sobre el ser. Hacemos cosas para no oír esa voz de la conciencia que te pregunta: "¿lo que haces te aleja o te acerca a lo que sos? Si lo que hacemos nos aleja de lo que somos es posible que seamos vulnerables al *burn-out*, síndrome del quemado, que ocurre cuando la persona "se quema" en su trabajo, desarrollando síntomas de estrés, apatía, depresión e irritabilidad, entre otros. La persona termina pidiendo licencia médica, pero son pocas las veces en que la licencia cumple con el rol de "restaurar" a la persona para retornar a la tarea con salud, entusiasmo y alegría. El trabajador lo vive como una suerte de respiro artificial que le permite volver a la "condena de las ocho horas".

Cuando el trabajo es vivido como una condena, uno mismo es el condenado. Es posible entonces que esa sentencia de muerte simbólica se refleje en una afirmación reiterada por algunos padres: "me mato trabajando para que no te falte nada".

Tenemos la oportunidad de sentirnos vivos en el trabajo, para ser felices durante las ocho horas. Nuestros hijos merecen padres vivos y presentes, y no un "condenado a muerte", que estará en casa de "cuerpo presente" y no en cuerpo y alma.

El gran psicoterapeuta norteamericano Rollo May decía que "hacer a menudo" calma la ansiedad más que ser. Tanto en la vida en general como en el arte de la psicoterapia, es más fácil hacer que ser con el otro. No obstante, las personas están sedientas de ser sin hacer; por lo cual han crecido tanto la psicología positiva, el *mindfullness*, las técnicas de relajación, la práctica del silencio y la meditación. Necesitamos parar o ir más lento como lo afirma Carl

Honoré en sus libros *Elogio de la lentitud* y *Bajo presión*. Hoy día todo es *fast*: *fast food*, *fast life*, *fast* yoga... no podemos vivir así. En realidad, sí, podemos; podemos a costa de nuestra salud, a través de neurosis, ataques de pánico, estrés y medicación para luego seguir. Parecería que si paramos, sufriremos el pánico de encontramos con nosotros mismos o de no encontrarnos con nadie.

Nuestro verdadero ser se revela cuando no precisamos hacer para ser.

Debemos trabajar para ser sin hacer y que el hacer sea un complemento inevitable del ser. Si solo seremos valorados por nuestra funcionalidad, la persona humana desaparecerá y con ella su dignidad; no importará el sujeto sino solo su utilidad. Estaremos cada vez más cerca de entrenar recursos humanos para que no se quemen en un sistema que precisa que lo hagan para que funcione; un fusible se cambia por otro.

Frente al argumento del padre "me mato trabajando para que no te falte nada", imagino al niño o adolescente respondiendo "me faltas tú, papá". Paradoja existencial: "matarse trabajando", sin darnos cuenta de las palabras que usamos, que luego forman parte del quehacer cotidiano. No es casualidad sufrir un infarto por estrés laboral, por intentar vivir "matándose". Esto no es una metáfora sino la cruda realidad. Vivir para trabajar o trabajar para vivir, y en esta disyuntiva, me pierdo yo mismo, me falto a mí mismo, faltando a mi deber como padre de acompañar el crecimiento de mis hijos y mis tareas familiares que también me da plenitud como persona.

Vivir durante las ocho horas de trabajo, elegir lo que hacemos, tener confianza en que nuestras decisiones nos transforman. Cuando yo elijo mi trabajo, me siento libre, soy responsable de mi vida durante mi día laboral. Si soy responsable, no culpo a mi jefe o a mis compañeros por un día malo. Si soy responsable, asumo mi cuota de responsabilidad y trato de sumar. Si en cambio, no me siento libre, no me sentiré responsable de cambiar nada y pensaré que soy una víctima de lo que pasa, que todo está ya dado y que nada se puede modificar. Caemos así en la actitud fatalista y derrotista, culpando a otros, sin intentar buscar dentro de uno la clave para cambiar de actitud.

Para ser sin hacer

Le sugiero que se tome 5 minutos para sí mismo, en casa o en el trabajo.

Puede realizar un ejercicio de respiración. Puede ayudar escuchar música propicia, como la del álbum *Calma* de Gustavo Ripa.

Inspire profundamente (cuente hasta cinco en silencio), mantenga el aire (cuente hasta tres) y luego expire suavemente por la boca. Mientras respira, repita:

- Calma, miro a mi alrededor.
- Calma, valoro la vida.
- Calma, valoro mi trabajo, mi familia, mi espacio vital.
- Calma, ¿a dónde voy tan rápido, de qué quiero huir?
- Calma, ¿lo que hago me aleja de lo que soy?
- Calma, si voy más rápido, ¿a dónde llego?
- Calma, calma, más calma.

Respire de nuevo.

Delivery kids: del tener al ser

Vivimos en un mundo de "me sirve" o "no me sirve". So-líamos pensar que las personas eran para amar y las cosas para usar. Ahora vemos que las cosas son para amar y las personas para usar. Estamos en un mundo delivery, que nos atrapa en el mismo delivery, sin saber a dónde vamos. Por lo pronto vamos hacia un mundo egoísta en el que actúo según "me sirve o no"; un mundo utilitario donde termino siendo usado del mismo modo en que yo uso a los demás. En este mundo donde todo es "prescindible", los padres parecen serlo también. Nos hemos convencido de eso o quizás hemos renunciado a nuestro rol, delegándolo en otros "cuidadores".

Los psicopedagogos, psicólogos, psiquiatras son conscientes del costo que esto tiene en la salud emocional de los niños y adolescentes. Nos encontramos en los consultorios con niños hiperactivos, deprimidos, con dificultades motrices, dificultad para poner en palabras sus sentimientos (alexitimia), falta de control de los impulsos, baja tolerancia a la frustración, *bullying*, *cyberbullying*, obesidad, apatía, entre otros.

Mucha de esta sintomatología (no toda, claro está, sería un reduccionismo) obedece en parte a nuestra actitud parental sobreprotectora. Si podemos cambiar esto, podremos ayudar a que la psiquis de nuestros hijos y de futuras generaciones sea más fuerte, más sólida, con mayor capacidad para tolerar la frustración. Sobreproteger es condenar a la inmadurez; para ser padres, es necesario frustrar con amor. Ser persona es justamente trascender el mundo de las cosas. Las cosas son parte del mundo, pero no podemos cosificar al otro. Lo hacemos cuando anulamos, sin querer, su capacidad de pensar, de sentir y de ser humanos.

No se puede tener un hijo, una pareja.
Se tienen cosas, no personas.
Lo que tenemos nos retiene.
Solo retenemos realmente lo que soltamos.

El que cree que tiene a su mujer ya la perdió. El amor a nuestros hijos no es retenedor, es un vínculo vivo, desprendido. El amor que retiene no es saludable, es un amor egoísta e inmaduro. El que ama, lo hace para soltar. Para que un hijo pueda ser adulto, debo dejarlo ir. Si lo retengo, este mismo amor me retiene, soy retenido por mí mismo, por mi dificultad para amar.

En el mundo del delivery kids, somos víctimas de "el hijo que yo quiero"; "tráiganme un niño que cumpla con todo lo que yo quiero y seré feliz". Difícil de lograr. Los hijos se encargarán de no cumplir con todas las expectativas que los padres tenemos, lo cual no quiere decir que no conviene tener expectativas; estas son necesarias para el crecimiento. Pero seguro no las cumplirán todas, como tampoco nosotros cumplimos las de nuestros padres. Y eso nos ayudó a crecer a separarnos y rebelarnos. Crecer es animarse a ser transformado por las personas que configuran nuestro mundo y poder así ir cambiándolo.

Este fenómeno se observa en distintos ámbitos. Un ejemplo claro es el que se manifiesta en períodos de vacaciones. Aquellos que pueden tomarse unos días de paseo y descanso, se encuentran con las "seductoras propuestas" de hoteles con distintas comodidades: piscina, desayuno continental, deportes, spa y no es raro leer en la lista de actividades la palabra *kids*. Siempre el inglés da un toque de glamour al tema; no he leído "niños", quizás porque si lo leemos en español sea tan fuerte que nos haga reaccionar. Nos matamos trabajando para que no les falte nada y luego les "inoculamos" tres días de vacaciones para tener tiempo para ellos. Pero siempre y cuando este hotel incluya todo el entretenimiento que mi hijo precisa y que yo no sé dar.

Delivery kids, ¿a qué hace referencia esta expresión? Significa que "también nos hacemos cargo de entretener a su hijo, para que usted esté cómodo y descanse". Mundo cómodo. El filósofo trabaja para incomodar al cómodo, el psicólogo trabaja para acomodar al desacomodado. También deberíamos sacar de la comodidad a los padres para que se incomoden un poco y tomen en sus manos la tarea de educar; una para nada simpática ni cómoda, por cierto.

Me da tristeza. Los padres pasan horas en los consultorios psi (psicólogo, psiquiatra, psicomotricista, psicopedagogo) para analizar e intentar que su hijo "sane"; pero ante la primera chance de encontrarse con su hijo, de jugar, de bailar, de comunicarse en otro entorno, prefieren la comodidad; porque "yo también estoy cansado y necesito que otros lo entretengan".

Educación delegada, padres permisivos, hijo huérfanos. Si no "delego", me transformo yo mismo como padre y maestro en el "delegado" autorizado para frustrar sin miedo. Qué diferente sería que los padres salgan de esa "comodidad parcial" (parcial porque cuando crezcan, pagarán caro el precio de la misma) y puedan usar el *kids* a su favor, tratando de dialogar con los hijos, de educar y de enterarse de qué va su vida. Los hijos conocen más a los padres que los padres a los hijos. En el mundo delivery, todo se planifica y se programa. Vida programada, vida de robot que nos deshumaniza.

En síntesis, quiero un hijo que sea varón, que nazca en tal fecha, porque así hablo con mi jefe y no me pierdo el ascenso o planifico la licencia, quiero que sepa varios idiomas, que sea deportista, que me divierta, que me quiera, que sea expresivo y diga lo que siente, que tenga muchos amigos, que no me la complique con cuestionamientos, que no lo traumen mis viajes, que me admire, que no compita conmigo, que se vaya de casa cuando él quiera, quiero que pase todo eso no muy rápido así lo disfruto (porque yo no disfruté a mi padre o madre), quiero que pase todo eso antes de que yo envejezca. Quiero que alguien se haga cargo de ellos, la escuela, mi suegra, el psicólogo, porque yo no tengo tiempo. Quiero, quiero, quiero. Tanto querer, tanto añorar, tanto que revela la fragilidad del adulto, las necesidades del adulto.

Si los adultos no maduran, ¿cómo educarán hijos fuertes? Si el adulto no logra desprenderse de sus necesidades afectivas, si no logra frustrarse ni frustrar al niño, no podrá educar. Porque educar es entrenar al niño en la "tolerancia a la frustración". Para eso es necesario salir del delivery, salir del quiero, para hacer una pausa y darnos cuenta de que estamos educando personas, no criando animalitos. Debemos estar despiertos, atentos, sacar la palabra KIDS, del folleto del hotel y ponerla en el mismo cuarto donde habitaremos nosotros, para "hacernos cargo", para alegrarnos y divertirnos también, claro que sí, pero sobre todo y lo más importante para poder decirle No, con firmeza y autoridad. El niño no podrá agradecer el "no" ahora, pero lo hará cuando sea grande. Quizás habrá que esperar a que él se transforme en padre para que se dé cuenta de que la cancelación a tiempo del delivery kid le hizo mucho bien, y se pudo transformar un vínculo de necesidades en una relación de libertad y crecimiento.

Recuerdo el famoso texto de Kalil Gibrán: "tus hijos no son tus hijos...".

No los tenemos, vienen a través de nosotros pero vienen para irse... Somos todos "amores pasajeros", luchamos por amor y es el amor en el fondo, el que hace que uno "deje volar a sus hijos", para ganar adultos como compañeros de viaje.

Para conocerme mejor

Lo invito a responder estas preguntas.
- ¿Quién soy yo?
- ¿Qué es lo que mi familia quiere que yo sea?
- ¿Yo, qué quiero ser?
- ¿Cuáles son mis potencialidades?
- ¿Cuáles son mis impedimentos?
- ¿Qué puedo hacer para maximizar mis potencialidades? ¿Cuál debería ser el primer paso?
- ¿Qué puedo hacer para superar los obstáculos? ¿Cuál debería ser el primer paso?
- ¿En qué medida me siento identificado/a con este planteo?
- Si salgo del delivery, ¿puedo hacerme cargo yo mismo?
- ¿En qué medida me tensiona tener que divertir al niño?
- ¿Hemos intentado otras formas de ser y estar sin tercerizar?
- ¿Qué gano al no hacerme cargo?

Padre y madre, roles que se complementan

Nos preguntamos ¿somos necesarios los padres? ¿Para qué? ¿Vale la pena el esfuerzo? Claro que sí. Creo que ahora, más que nunca, somos muy necesarios. Hemos escuchado de parte de algunos profesionales la afirmación de que el problema no es que haya más patologías en este momento de la historia, sino que hay menos familia. Esto no hace referencia al cambio en la constitución de la familia tradicional. No importa tanto la conformación de la misma, el problema está en la ausencia y la no asunción de los roles parentales, sean quienes sean las figuras referentes. Hace falta que asumamos nuestra función, hacernos cargo de nuestros hijos, en definitiva que seamos adultos responsables de educar.

¿No será que faltan padres porque faltan adultos? Podríamos decir que estamos frente a una situación de "adolescentización" de la sociedad, donde primero los adultos debemos asumir que no somos adolescentes, dejar de pretender parar el tiempo y asumir nuestras funciones sin culpa.

Somos necesarios padre y madre. Ya no se encuentra la "función paterna" solo en la figura del varón ni la "función materna" en la de la figura de la mujer. Ambas pueden ser llevadas adelante por el progenitor del otro sexo. La "postmodernidad" ha traído flexibilidad, adaptación, pero también riesgos: todos podemos hacer todo y nadie hace nada.

Los hijos crecen y viven en un contexto familiar. Son levantados de mañana, llevados a la escuela, buscados en esta, pero muchas veces, padre y madre no están presentes para educar. El niño no necesita que esté presente solo su cuerpo sino que estén vivos realmente, preocupados por sus necesidades afectivas. Los necesita para saber que es querido de forma incondicional por lo que es y los necesita para aprender que también es amado cuando le dicen que no.

La función paterna o el "amor de padre" es aquella función normativa, representada por el no. Ese "no" (que reitero lo puede desempeñar la madre, situación típica hoy día de los hogares monoparentales y muchos otros también) es formativo, le ayuda al niño y adolescente a aceptar y transformar el enojo, lo frustra, lo educa.

Por otro lado, la función materna, o afectiva, está caracterizada por el "sí". Es el amor incondicional, "te quiero por lo que sos". Esto es fundamental, permite el apego básico a la vida, la confianza básica. Qué importante es que la persona no necesite hacer nada para sentirse querida. Esa base de amor se extrapolará a los demás vínculos y de adulto se podrá vivir el amor de forma madura. Esto es el "amor de madre", "figura materna" o "el sí incondicional". Cuando un padre o madre le dice al hijo: "con la felicidad no se pagan las cuentas" está amando con el "amor de padre" o desempeña la figura paterna cuyo objetivo es separar, ordenar y brindar estructura para que la persona pueda moverse en el mundo exterior a su familia. Y por esto se malentiende muchas veces esa "función paterna" donde el que pone los límites está condenado a ser el "malo de la película". El rol del padre tiene "mala prensa" actualmente porque, claro está, nadie quiere ser el malo, pero si tomamos conciencia que ese rol de "malo" es solo por un tiempo, entonces nos fortaleceremos para sostener el proceso.

Los dos amores

Estos amores son importantes y claves en la formación de la persona, no es que uno esté bien y el otro mal. Los dos son necesarios y "buenos". Un amor es más frío porque pone distancia para preparar para el mundo, para el frío que hace fuera de la casa. El otro es más "calentito"; pero si el hijo se queda dentro donde está más cómodo, no nace, no sale, no crece, no se desarrolla. En la película *Buscando a Nemo* el personaje principal debe salir de la "anémona" (su casa) para crecer. En *El rey León*, Simba debe salir y crecer en "hakuna matata" para luego volver. En *El Señor de los anillos*, Frodo debe dejar la comarca. Todas estas películas tratan una verdad arquetípica, al decir de Jung: se crece afuera.

Las funciones materna y paterna son diferentes y complementarias. Hay muchas tareas que pueden cumplir y realizar ambos padres en forma indistinta respecto a su hijo. Por ejemplo, llevarlo a la escuela, al médico, ayudarlo y enseñarle hábitos (higiene, alimentación, vestimenta, orden), jugar, charlar, preguntarle por su día, contarle de nuestro día, leerle cuentos, supervisar las reuniones en casa, ir a buscarlo cuando sale, ir a las reuniones en la escuela, asistir a los momentos deportivos, acompañarlo a comprar libros, conversar sobre temas de la escuela y de la vida social, ejecutar las sanciones o penitencias acordadas para las diversas situaciones. Todo esto se puede realizar en forma conjunta e independiente, todas son situaciones en las que el amor nutritivo y el amor guía se confunden y se armonizan para educar en conjunto.

En términos generales, podemos decir que hasta hace unos treinta años atrás, la función del padre la llevaba adelante solo el varón y, con poco, hacía mucho. Existía un lugar social para esta función, por lo cual no solo el padre, sino también el abuelo y el vecino ponían límites con la misma autoridad. Era un rol que podríamos llamar "socio-sintónico", es decir, que estaba aceptado a nivel social. A nadie le llamaba la atención que el vecino le dijera al hijo de otro "métase para adentro de la casa que ya es tarde". Había una comunidad que educaba en conjunto.

Debemos recuperar ese sentimiento, en el que nos importe que la educación trascienda las fronteras de nuestra casa. Debemos recuperar esa sintonía con la comunidad para luego, entre todos, restaurar un tejido social herido y desmembrado. Rearmar la trama de sentido vincular.

Desde que nacemos "hacemos algo" con nuestros hijos, de la misma manera que sucedió con nosotros. Nuestros padres hicieron

85

algo con nosotros, según el modelo de educación que predominaba en los años 60 y 70. Ese modelo es llamado "patriarcal", donde el varón, el abuelo educaba solo con mirar y no precisaba ni levantar la voz para que su autoridad fuera valorada. La función de la abuela tenía que ver con todo lo nutritivo, preparar la comida, cuidar a los niños, llevarlos a los médicos, hablar con la maestra. Este modelo clásico ha cambiado o, al menos, no es tan rígido y uno se encuentra con familias en las que "todos hacemos todo". Eso es lo que se dice para afuera, pero si hilamos más fino, encontramos que no es tan así. Detrás de esa fachada puede haber una pareja tradicional (como la de los abuelos de antes) o una familia posmoderna que intenta complementar los roles.

Con frecuencia no nos damos cuenta de cómo educamos a nuestros hijos hasta que ellos llegan a la adolescencia. Es fácil para los psicólogos darse cuenta quién "hace de padre o de madre". Cuando, por ejemplo, una adolescente de 13 años dice durante una consulta, con voz cálida y dulce, "yo quiero que venga mi papá porque nadie me comprende mejor que él", posiblemente este papá desempeñe más el rol materno que paterno. O, por el contrario, puede pasar que la chica diga "¡por favor no llames a mi madre! ¡Por favor que no venga mi madre!". Es muy probable que nos encontremos frente a una mamá desempeñando el rol paterno. Los chicos lo tienen claro, saben quién manda en casa, a quién pueden manipular y a quién no. Y nosotros también lo tenemos claro, simplemente preferimos "hacer la vista gorda" o no tenemos el tiempo y la honestidad para aceptar lo que somos para luego poder modificar lo que esté a nuestro alcance.

Identificar nuestro rol en casa puede ayudarnos a aceptar lo que somos y de esta manera evaluar y conversar qué cambio de actitud puedo tener. Cuando mi esposa/o, pareja está interviniendo en una puesta de límites, ¿es conveniente que yo aparezca? ¿O no? ¿Si aparezco, suma o estaré desautorizando? Según el rol que tiendo a desempeñar más, veré si conviene que aparezca o no de acuerdo con la instancia familiar que se esté viviendo.

Por supuesto que lo "ideal" es que los dos cumplan los dos roles. Pero, por lo general, tenemos una disposición, o somos sobreprotectores o "el malo de la película". Saber esto nos puede ayudar a manejar mejor el estrés de la puesta de límites, organizarnos mejor en casa con los vínculos con los hijos y evitar el desgaste de la discusión de pareja ya que los estilos de crianza y las opiniones diferentes suelen ser uno de los temas de discusión y conflicto en la pareja.

Cómo desempeñamos nuestros roles

Este ejercicio tiene como objetivo conocernos y aceptarnos. Muchas veces gastamos gran cantidad de energía luchando contra lo que no queremos aceptar, negando y haciendo como si no existiese. Una vez identificados estos temas, podremos iniciar un cambio de actitud. Le invito a responder estas preguntas.

- Generalmente, ¿quién pone los límites en casa?
- ¿A quién los hijos "conquistan" más fácilmente para lograr lo que quieren?
- ¿A quién le cuesta más decir que no?
- ¿Quién es el "malo de la película"?
- ¿A qué brazos va el niño/a cuando se cae?

Este ejercicio vale tanto para familias típicas como para familias ensambladas. En las familias ensambladas el esposo de la madre también está en "rol padre" y la esposa del padre cumple el "rol madre". Para las familias monoparentales aparece la dificultad de hacer los dos roles.

¿La familia de quién?

> Los padres no solo deben contar con ciertas maneras
> de guiar a través de la prohibición y del permiso,
> sino que también deben estar en condiciones de
> representar para el niño una convicción profunda,
> casi somática, de que todo lo que hacen tiene un
> significado.
>
> Erik Erikson

En una tira de Mafalda, Miguelito lee un cartel que dice "La familia es la base de la sociedad", preguntándose a continuación: "¿La familia de quién? La mía no tiene la culpa de nada". Esta reflexión de Miguelito es profundamente existencial, pues este pregunta lo mismo que Miguelito: "¿Para quién?".

En logoterapia y terapia existencial siempre se está luchando contra la "despersonalización", la generalización al decir "todos los padres", "todas las madres" o "los hijos nacidos en los 80 tienen tales características". Es el reduccionismo que denuncia Viktor Frankl en cada uno de sus libros. El reduccionismo es pensar que porque "todos" son así, a todos les pasa lo mismo.

"Todos los padres deben pasar más tiempo con sus hijos". ¿Para qué? Depende. Quizás un psicólogo se encuentra trabajando con una familia y entre todos ven que es mejor que el papá, en este momento de su vida, no pase tanto tiempo con sus hijos hasta que se mejore o hasta que cambie de actitud, como luego de hacer deporte, para que no llegue a casa y transmita su neurosis y enojo a la familia.

"Todas las madres deben soltar a sus hijos". Es una lectura que se desprende, por ejemplo, del capítulo anterior de este mismo libro. Es algo general, usted no debe dejarse llevar y pensar:

"Esto me sirve", porque quizás no sea una máxima a seguir por "Carolina", una madre ausente, que sí debe pasar más tiempo con sus hijos.

Sandor Marai, en la novela *Divorcio en Buda*, plantea cómo los hijos de las familias burguesas crecían bajo la vigilancia de los psicólogos y neurólogos. Criticaba la nueva educación que prohibía a los padres amonestar a sus hijos y solo podían explicar, conceder y aclarar conceptos. Lo interesante de esta novela es que el personaje principal sostiene, muy convencido, que para él lo que importaba es "la unidad de la familia". Y que si esta cohesión se da, si los hijos se comprenden y se sienten unidos a la familia, nadie va a salir afectado porque el padre llegue a casa desganado alguna vez y la madre rezongue a los hijos. Veamos cómo lo completa el propio autor:

"Los padres pueden mostrarse en su relación apasionadamente tiernos o apasionadamente violentos, pueden permitirse peleas y paseos románticos porque todo aquello seguirá formando parte de la vida familiar, como los nacimientos y los fallecimientos, como la colada y la comida especial de los domingos. Solo importa el conjunto, y si el conjunto está bien, los hijos se sentirán protegidos aunque el padre se muestre severo. Estaba convencido de que ese ambiente familiar es lo que determina el sentimiento vital de los hijos. Naturalmente, esa sinceridad, esa unión, ese sentimiento de pertenecer a una comunidad, con todos sus aspectos buenos y malos, sólo es válido si es profundamente sincero y desinteresado. Claro que… ¿Quién se atreve a juzgar la intimidad de una familia?".

Sandor Marai es un escritor húngaro, que escribió sobre el sentido de la vida como pocos, quizás al sufrir el sinsentido y rechazo de su propia gente. Recomiendo toda su obra, empezando por *El último encuentro*. En esta novela, y en este pasaje en particular, el autor pone énfasis en "la unidad de la familia". Me parece un aporte clave: la de mitigar la culpa que sentimos los padres para poner la casa en orden. Si la familia está unida, y mientras los ritos de cada familia se mantengan, los padres pueden permitirse alguna que otra discusión o no estar de acuerdo en algo, que eso no alterará la psiquis en formación de los niños. Y agregaría que, todo lo contrario, no solo no va a alterar, sino que sumará una dosis madura de saber discutir con argumentos, saber plantarse frente a algo con lo que no se está de acuerdo. Puede ser una manera de aprender a ser asertivos, a manejar el enojo, la bronca o el cansancio. De hecho, este tipo de escenas familiares dan lugar también para algo muy humano y educativo que es la reconciliación, el perdón, el cambio de actitud. Si los hijos ven que los padres discuten (siembre en clima normal, no estamos hablando de agresiones) y que luego pueden seguir conversando, sin rencor, que se piden disculpas y siguen adelante con alegría, entonces será un ejemplo de vida que se transmite en vivo y que el niño podrá extrapolar a sus vínculos en la escuela, en sus futuros trabajos y en su propia dinámica familiar de adulto.

"La unidad de la familia", mientras esta se dé, todo está a salvo. Es el amor más grande que resguarda las pequeñas tensiones o discrepancias cotidianas de la vida en familia.

Dentro de cada familia crecen personas diferentes. No nacen hijos iguales, ya sea por la información genética, por los estilos de crianza y porque los padres, aunque muchas veces lo creamos así, no somos los mismos con un hijo que con otro. Son padres diferentes que educan hijos diferentes. Es la magia y el misterio de vivir, amar las diferencias; cuando logramos esto nos damos cuenta de que somos mucho más parecidos. Somos semejantes en tantas cosas. "Nada de lo humano me es ajeno" dice el poeta. Porque estamos todos juntos, haciéndonos unos a otros. No hay mejor manera de dar seguridad a nuestros hijos, que los padres se respeten, y respetarse implica pensar, hablar y manifestar cuando se piensa distinto.

Una reflexión

Le invito a responder estas preguntas.
- ¿Cómo vivo la unidad de la familia?
- ¿Por qué temo discutir o pensar distinto?
- ¿Qué rutinas familiares les dan seguridad a nuestros hijos?
- ¿Cómo me siento al expresar mis emociones?, ¿me doy permiso?
- ¿Habilitamos para que nuestros hijos expresen sus sentimientos, sean negativos o positivos?
- ¿Cómo es mi familia? ¿se expresan las emociones, o somos más bien racionales?
- ¿A quién dicen en mi familia que me parezco? ¿Por qué?
- ¿Me cuesta aceptar a mi familia?

Aceptar a mis hijos

Ponga en una hoja, el nombre de su hijo y las características que más le cuesta aceptar de él o de ella.

Por ejemplo, Joaquín: rebelde. María: pesimista. Luego medite brevemente, hable con el "defecto" o "cualidad" que le cuesta aceptar.

- "Joaquín, gracias, porque con tu rebeldía me enseñas que yo debo ser rebelde en mi vida en…".
- "María, gracias, porque con tu pesimismo, me enseñas a tener los pies en la tierra y a no vivir en un optimismo insano".

Este ejercicio tiene la intención de integrar la sombra, al decir de los colegas junguianos, que muchas veces reprimimos y que nuestros hijos nos revelan.

La tiranía del deseo: consumismo en padres e hijos

> Dos tragedias hay en la vida: una no lograr
> aquello que ansía el corazón; la otra es lograrlo.
> Mientras tenemos un deseo, tenemos una razón
> de vivir. La satisfacción es la muerte.
>
> George Bernard Shaw

Los chicos de hoy la tienen clara, "Papá y mamá son unos genios", solo deben frotar la lámpara mágica menos de tres veces para que los deseos se hagan realidad. "Quiero un cumpleaños mejor que el del año pasado", "quiero que haya más cosas divertidas", "quiero que sea como el de fulanita que estuvo más lindo". Tanto querer, tanto añorar que los padres terminamos queriendo lo que los niños quieren y para no sentirnos menos, mitigar la culpa y, de paso acariciar, el ego, terminamos contratando y gastando en el "súper combo happy new year for kids" de la última empresa de moda. Claro que para lograrlo tuvimos que "meter tarjeta" de aquí a dos años en "cómodas cuotas", que de cómodas no tendrán nada, pero como ya estamos habituados a la incomodidad existencial, qué le hace una mancha más al tigre y así vamos.

Hoy día nos encontramos con festejos de cumpleaños de 15 que se parecen y superan a las fiestas de casamiento. Pronto las fiestas de egresados de "nivel 5" de educación inicial se parecerán a las fiestas de 15. Los niños piden y los padres les dan. No hay espera, no hay camino, no hay proceso.

El Dr. Gerónimo Acevedo cuenta que en medicina, antes se hablaba de "convalecencia", era el período intermedio entre la salud y la enfermedad. En este período el organismo se reparaba y las funciones se restablecían. Ahora no hay convalecencia; se está "sano" o "enfermo" de un extremo al otro, sin proceso ni camino. Los padres deben responder a estos deseos como si fueran derechos del niño, pues responder al deseo es obligación del padre, según el niño. Si los deseos son derechos del niño, serán niños demandantes y exigentes, que lloran o agreden si sus deseos no se hacen realidad o si no se concretan en el plazo que ellos esperan.

¿Hasta cuándo la tan mencionada baja tolerancia a la frustración será el problema?, ¿de quién depende? y ¿qué podemos hacer padres, maestros y profesores, para que dicha "tolerancia" aumente? Es una responsabilidad de todos ayudar a aumentar la capacidad del niño para manejar las situaciones difíciles o dolorosas, para que aumente también su vivencia de felicidad cuando sea adolescente y adulto.

Pero la gente quiere un cumple divertido, pasarla bien y que cada vez haya más sorpresas, cosas nuevas y distintas. Así es un espectáculo montado para que durante el proceso, el consumismo se lleve por delante la dignidad de la persona.

Alejandro Weinstein realizó un estudio sobre el consumo en niños en Uruguay. En el país existen 365.000 niños que tienen entre 6 y 14 años de edad, según datos del Instituto Nacional de Estadística (INE) y el promedio de niños por hogar, en esa franja de edad es de 1,5. El relevamiento para dicho estudio abarcó 290.000 niños. Esta investigación se concentró en los hogares con niños de nivel socio-económico "Medio Bajo", "Medio", "Medio Alto" y "Alto". Los niños hoy día influyen en lo que se compra. Veamos algunos datos aportados por esta investigación. Tres de cada cuatro niños influyen a la hora de comprar el refresco del hogar y lo que se compra para comer; los padres negocian dicho gusto, afirma Weinstein. A medida que crece el niño, aumenta también el grado de influencia en sus padres. Los padres terminan comprando lo que saben que el niño comerá sin rabietas y sin pasar vergüenza.

Vemos claramente en este ejemplo la dificultad de los padres en decidir y el "ceder fácilmente" a lo que el chico pide. Si los padres se estresan mucho por esto, optan por "negociar" lo que muchas veces es un "ceder solapado" y el niño se sale con la suya.

Otro dato de la investigación revela que son varias las personas que dan dinero a los niños para que gasten. En primer lugar, aparece la madre como la principal figura y luego el padre. Después de ellos vienen los abuelos, los padrinos, los tíos. Es interesante señalar que aquellos padres que no conviven con sus hijos son quienes dan más dinero como una forma de pagar la culpa por no estar con ellos.

Coincido con Weinstein cuando afirma que estos datos confirman la dualidad de los padres cuando ellos dicen "no puedo con el consumo de mis hijos". En realidad el chico puede consumir y gastar porque la madre, padre o abuelo le da ese dinero. Alguien se lo da. Lo que nos cuesta como padres es decir que "no" y directamente no darles dinero para que lo manejen, o enseñarles a usarlo de manera tal que puedan ser libres en ese uso y no ser usados y luego usar a sus padres para cumplir con su satisfacción inmediata.

Es muy común escuchar: "no les alcanza nada", "nosotros cuando éramos niños nos conformábamos con menos y ellos no". Esta visión de los padres habla de la dificultad del adulto en ayudar al niño en la "postergación de la gratificación". Para lograr algo que quiere es necesario que el niño luche por eso y que haga un esfuerzo sostenido durante bastante tiempo para que tenga sentido la obtención de lo prometido. Pero, muchas veces, esa capacidad de sostén por parte de los padres no está, como lo refleja claramente el estudio realizado por Weinstein. Los padres son los que les dan el dinero a los chicos para que lo manejen y terminen luego siendo manejados. Si logramos regular este tema, estaremos haciendo prevención de adicciones y de depresión. Estaremos ayudando a que nuestros hijos sepan que para obtener algo hay que hacer un esfuerzo; se esfuerzan demasiado poco para obtener el caramelo prometido.

Unas preguntas escuchadas con frecuencia son "¿podés esperar?, ¿cuánto podés esperar?". No se le puede preguntar al niño si puede o no puede. Se educa con hechos más que con palabras, más implicación y menos explicación. La explicación hace que el niño no sienta que los padres están implicados en su proceso de crecimiento. El exceso de explicación surge por el sentimiento de culpa y porque "mi padre no me explicó nada a mí, así que yo le voy a explicar todo a mi hijo". Esa actitud hace que los hijos sepan que "viene el discurso" pero no la penitencia. Entonces, el padre mitiga su culpa, se descarga pero en el mismo momento se pierde la oportunidad de educar, de amar con hechos. Las palabras son importantes, pero uno transmite, primero, por lo que es, luego por lo que hace y recién, en tercer lugar, por lo que dice.

Más implicación y menos explicación

Para nuestros hijos, la implicación quiere decir: "le importo a papá o a mamá, se interesan por mí". No lo va a entender ahora, pero esa es la humildad y paciencia que como padres debemos tener. ¿Cuánto nos llevó a nosotros adultos agradecer lo que nuestros padres hicieron por nosotros? o ¿estamos en eso todavía? Así que no podemos esperar que nos agradezcan ahora por el límite o por el no del día de hoy. El niño no va a entender ni agradecer ahora el no al capricho. Esa es la humildad y paciencia que como padres debemos tener.

El problema es que a nosotros los adultos también nos cuesta esperar y el miedo a no ser queridos por los hijos hace que cedamos fácilmente. Debemos aprender a esperar y confiar. ¿Acaso nosotros no respondimos, a nuestro debido tiempo, a nuestra realidad como niños y adolescentes? ¿Qué duda tenemos de que ellos sabrán responder también? Debemos prepararlos para eso, para que respondan a su manera. Ser padre es hacer a nuestros hijos capaces de "amar afuera", de salir de casa y armar su propia vida. Ser padres es lograr que no nos precisen y no, por el contrario, generar dependencia porque estoy solo/a y no sé quién soy sin mi tarea parental. Mi sentido de vida como padre o madre no se puede sostener sobre el hecho de que mi hijo me siga necesitando, porque de esa manera el hijo corre el riesgo de quedar atrapado y de satisfacer mi deseo o mi vacío. El hijo no termina de resolver su vida porque si él se va "mamá y papá quedan solos".

De esta manera, a la hora del adiós ellos se sentirán más fuertes y seguros para irse, porque implícitamente sabrán que sus padres tienen su vida. No hay amor más fuerte que ese: el de prepararnos para soltar y no para retenerlos ni retenernos en la búsqueda de nuestro propio sentido de la vida. Es por esto que es fundamental tener algo más importante que guíe nuestra vida. Aquellos padres que dicen "yo vivo para mis hijos" pueden terminar "asfixiando" sus capacidades y posibilidades porque están "demasiado cerca". Una cercanía óptima nos permite ver de lejos así como sostener nuestro modo de educar sin quedar atrapados.

En general, el estrés de la vida posmoderna, la multiplicad de roles que ambos padres compartimos, la cotidianeidad, la rutina, el estrés laboral, nos hace caer en la "fatiga" de ser padres y es cuando los hijos reclaman algo y cedemos con facilidad.

No hay amor más fuerte que el de prepararnos para soltar.
No para retenerlos y retenernos en búsqueda de nuestro propio sentido de la vida.

Siguiendo por este camino, el individualismo atropellará la esencia del ser humano como persona, quien corre el riesgo de desaparecer si no reaccionamos ya. Descubrimos adultos con un ego frágil, inmaduro, que se sostiene solo con el amor de su hijo. Por esto cedemos tan fácilmente al "cumple feliz" más divertido, para que "ellos estén bien", para estar bien nosotros en el fondo, porque "si mi niño llora o está mal, yo estoy mal".

Los padres dicen: "yo tengo secuelas de como mis padres me educaron, no quiero que mis hijos tengan secuelas". No se puede educar para que no queden secuelas, ya que esas "secuelas" son también las que nos ayudan a identificar mojones plenos de sentido en nuestra vida.

¿De dónde viene este lamento? Creo que el origen está en el determinismo que nombramos en capítulos anteriores, en una idea del hombre que ha crecido en nuestra cultura, una cultura determinista que lleva implícito que "lo que hicieron conmigo me determina y ya no lo puedo cambiar". Esta visión alimenta la ilusión de que "si consulto a tiempo" podré evitar hacerles a mis hijos el daño que mis padres me hicieron. Por ello, hay gente que hace terapia "por las dudas", porque quizás, por efecto mágico, estaré protegido de los posibles daños. La terapia solo sirve cuando se está dispuesto a revisar su historia para resignificarla y poder vivir desde un presente que se proyecta al futuro. Desde nuestro enfoque, la terapia no es para "explicar" la vida sino para comprender cómo llegué hasta acá y, sobre todo, cómo quiero seguir.

Que haga terapia el que la precise y cuándo la precise. Pero no se puede hacer terapia previniendo todo, no se puede prevenir vivir. De esa manera solo se genera miedo y parálisis, alejando el posible cambio.

Las "secuelas" que dejaron nuestros padres, ¿no fueron claves para el crecimiento? ¿En qué momento las vivencias se transformaron en secuelas? Secuelas es una palabra que denota aspectos negativos, sin embargo, es imposible no dejar huellas cuando se educa. Cada vez que ponemos límites —elementos claves para el crecimiento— dejamos huellas. Dichas marcas de crecimiento no tienen por qué dejar una secuela negativa en la persona. Se trata de educar y para educar es necesario salir del capricho, de la inmediatez, del "ya" que ahoga y asfixia.

La gente dice "los niños de hoy son demandantes". Todos los niños son demandantes, porque están tomados por el deseo, por la impulsividad, es su tarea de niño. Nuestra tarea como padre será dejar que demande, no angustiarnos, sostener esa demanda, y decir que no con amor, respeto, paciencia y dedicación.

Cuando las personas me mencionan las secuelas, suelo preguntarles: "¿a qué se dedica?". Me describen sus tareas en empresas, puestos de trabajo, vida familiar, historia laboral, historia afectiva. Así que vuelvo a preguntarles: ¿usted llegó a donde llegó a pesar de lo que sus padres hicieron cuando usted era una niña o un niño? Muchas veces las personas pueden ver que son quienes son "a pesar" y "gracias" a lo que hicieron sus padres. Otras no pueden valorar que llegaron a donde llegaron (sea cual sea el lugar) no solo "a pesar" de lo vivido, sino que también "gracias" a lo vivido; es un combo. Somos un combo de pesares y de agradecimientos que forman nuestro núcleo vital y formaron parte de nuestra vida. Ese mismo combo va ahora transmitiendo nuestro legado a nuestros hijos y alumnos. Según cómo lo transmitamos nosotros, aparecerá el agradecimiento o la bronca, el rencor, el reclamo ad eternum de lo que se supone que me tenían que haber dado para que fuera feliz.

Seguimos juzgando a destiempo a nuestros padres y abuelos por lo que nos debería haber pasado, y pensando así nos frenamos, quedamos atados a un pasado que nos estanca. Esto quiere decir ¿que no importa el pasado? No, claro que no, el pasado nos condiciona, pero no nos determina. El pasado es nuestro lugar de partida, es la base existencial, pero el pasado lo vamos cambiando según como elegimos en el presente. Nuestras elecciones cambian el pasado, según Erick Erickson "nunca es tarde para tener una infancia feliz", porque a la infancia se la puede reciclar y darle un nuevo sentido, si tenemos un futuro que nos llama y motiva. Si el futuro no me llama, si no me atraen los valores, quedo en un presente sin tiempo, una instantaneidad apática.

Todo apoyo de psicoterapia, coaching, acompañamiento psico espiritual, vínculo docente alumno, debe llevarnos al perdón. Sin perdón no podemos seguir adelante con nuestras vidas. Quizás sigamos adelante, pero condenados a una inmadurez emocional. Claro que influyó lo que nuestros padres hicieron con nosotros, como nosotros influimos en nuestros hijos. Pero como decía Sartre "Cada hombre es lo que hace con lo que hicieron de él". Por ello es muy importante hacer algo; es la base de la resiliencia. Todos podemos venir de un pasado o infancia difícil, pero lo que hacemos en el presente, cambia nuestro futuro. Nuestras decisiones nos permiten cambiar nuestro destino, no estamos condenados, estamos parados desde un presente y cada día que nos despertamos tenemos la oportunidad de caminar nuestro pasado, nuestro aquí y ahora y nuestro futuro. El futuro determina el pasado y no al revés.

Debemos recuperar una visión del hombre esperanzadora y optimista, donde el ser es dinámico y la existencia no es solo lo que hicieron con nosotros sino también lo que hacemos con ese legado. Mientras la gente siga creyendo que somos lo que hicieron con nosotros, que somos consecuencias solo de eso, seguirá "condenada" de por vida y seguirá mirando a sus padres con gesto "acusatorio" y actitud de "reclamo". Y, sobre todo, al educar a sus hijos caerá en la parálisis actual de educar intentando no dejar secuelas o traumas.

No hay necesidad de imaginar el panorama educativo y psicológico que causa dicho modelo. Tenemos adolescentes sin ganas de vivir, sin entusiasmo, sin alegría, que caen en aburrimiento, vacío y luego en intentos de suicidio. Tenemos grupos enteros de padres que consultan un profesional tras otro, en busca de uno que mitigue su culpa y de encontrar el tip perfecto para la ocasión. Tenemos padres que les piden a los psicólogos que respondan las demandas de las maestras a sus hijos. Como los padres no saben que decir, o tienen miedo, que el "experto" escriba o les diga las respuestas correctas. No se puede vivir renunciando al rol. O si se puede y ya vemos como, tercerizando y no haciéndose cargo, de esto se trata de estas páginas, de volver a hacernos cargo como padres, docentes y adultos de los hijos que hemos puesto en el mundo.

Relación familia y dinero

Cuando tenía 10 años, mi abuelo paterno, el Tata, que era comerciante, me dio el mejor consejo económico que he recibido. Me dijo: "cuando quieras comprarte algo que vale 20, ahorra 40 e intenta sacarlo por 10…". Hasta el día de hoy cuando pienso en cualquier gasto, me ilumina pensar en este consejo de mi abuelo.

Le invito a responder estas preguntas.

- ¿Quién les da más dinero a los chicos en casa?
- ¿Podemos cambiar algo al respecto?
- ¿Se puede sustituir el exceso de compras por otras actividades? ¿Cuáles?
- ¿Me cuesta decir "no, esto no puedes"?
- ¿Me cuesta decir "tengo dinero, pero no te lo compro porque no estamos de acuerdo"?
- ¿Cómo manejo el dinero? ¿Me resulta difícil?
- ¿En qué conversaciones le transmito a mis hijos el valor del esfuerzo?
- ¿Me doy cuenta de que nuestros actos (compras) no coinciden con lo que les decimos a los hijos? ¿Cómo influye eso en ellos?

Conversación con los abuelos

Le invito a responder estas preguntas.
- ¿Cómo vivían mis abuelos?
- ¿Mis padres te daban dinero para mis gastos?
- ¿Cómo ahorraba? ¿Quién me enseñó a ahorrar?
- ¿Cuándo pude comprarme mi primera bicicleta, auto?
- ¿Qué hice con el primer sueldo que gané?
- ¿Cómo vivían mis abuelos sin heladera, sin TV?
- ¿Se puede vivir sin microondas?, ¿cómo?

Más chichones y menos colchones:
educar es frustrar sin culpa

Hemos olvidado de dónde venimos y hacia dónde vamos. Tenemos hambre de sentido, hambre de hacer las paces con la vida y un orgullo inmaduro que no nos deja avanzar hasta que no perdonemos a nuestros padres para poder seguir nosotros adelante. Carlos Díaz afirma que toda logoterapia debe ser también "tanatoterapia", debe ser capaz de resucitar lo muerto en nosotros. El sentido siempre es un camino que nosotros vislumbramos, desde las "lumbres" de nuestros antecesores, familia, maestros, que nos precedieron en el camino. Lumbre es luz, es iluminar para ver hacia dónde vamos. Si somos ciegos, nos condenamos a caminar sin ver, por lo tanto corremos el riesgo de quedar atrapados sin mirarnos y sin consultar los "faros de sentido" que nos guían en silencio. Muchos problemas domésticos se solucionan con un llamado al abuelo o abuela. "Papá, el niño no me quiere comer, ¿qué hago?" Y si escucho la sabiduría del abuelo quizás me ayude a seguir adelante.

Un papá miedoso o un docente miedoso no educa porque no puede sostener el "no" toda vez que sea necesario. Nos han enseñado que las frustraciones que nuestros padres nos dejaron, nos marcaron para siempre y que por eso somos "neuróticos". El psicologismo en que vivimos le adjudica a nuestra historia y, sobre todo, a la educación de los padres los "traumas" vividos en la infancia. Justifica sin querer las acciones del joven por un pasado que explica por qué actúa de esa manera. Las explicaciones pueden ser muchas y cada enfoque psi tiene su teoría. Pero las teorías no curan a la gente, esta se cura acompañándola en su camino y lejos de justificaciones, haciéndose cargo de la parte que le corresponde a cada uno. Haciéndose responsable, respondiéndole a la vida.

Siempre les digo a los padres en tono humorístico "no hay forma de que el chico no salga traumado" en el sentido de que si hacemos algo, estará condicionado. Pero dicho condicionamiento será en el futuro su humanidad, lo hará sensible, lo hará más fuerte, lo hará capaz de resistir sus chichones solo, lo hará más empático con el dolor del otro, con su comunidad, con sus pares. Y, especialmente, hará que valore la felicidad. Si educamos con colchones y sin chichones los estamos incapacitando para que sean felices.

Si dejamos de tenerle miedo a los chichones, en veinte años tendremos una generación fuerte que supo hacer frente al vacío de su época y transformar el dolor en amor. Si no lo hacemos, tendremos que cargar con la culpa de no haber hecho todo lo que estaba a nuestro alcance y dejamos que otra generación quede presa de los psicologismos que convencen al hombre de que no se puede revelar contra lo que intentan hacer de él.

Psicologismo es reduccionismo. Implica explicar una realidad únicamente a través de un fenómeno psicológico vivido en un pasado generalmente lejano. También hay biologismos, cuando la causa es biológica o sociologismos, cuando la causa se busca en los fenómenos sociales. Estos "ismos", denuncia Viktor Frankl en su obra, no hacen más que "exonerar" a la persona de su responsabilidad. En cambio una visión humanista y existencial nos devuelve la responsabilidad sobre nuestras acciones, incorporando la historia genética (genoma), familiar y social (ambioma). Desde esta base se yergue nuestra individualidad y nuestra libertad como personas.

Claro que cuando nos exoneran de nuestra culpa, nos sentimos rápidamente mejor, por eso los críticos a los determinismos siempre vieron en estas posturas "el gran perdón de la humanidad". "No es lo que sos ahora, sino lo que te hicieron cuando eras niño". Entonces, ahí queda el ser humano famélico sobre su herida y sobre la nueva herida que se creó ahora. ¿Ya nadie cree que él pueda cambiar o que incluso pueda crear algo positivo más allá de lo negativo que vivió? Una psicología que busca causas que expliquen todo lo que se mueve, es una psicología que se distancia de la gente, por eso las personas dicen "no creo en los psicólogos". Yo entiendo que no confíen en una psicología determinista, en el fondo no les gusta que los "exoneren" tan fácilmente de la responsabilidad. La gente a la larga, o a la corta, precisa "hacerse cargo" de lo que vivió para asumir su vida responsablemente. Precisamos una psicología que se acerque al ser humano, que realmente vea al ser humano que dice investigar.

No se cree en la psicología cuando todo es "psicoterapia". La psicoterapia debe aparecer en su justa medida, pero hacer psicología es más que psicoterapia. Si todo es tratamiento, es entendible que "el hombre común de la calle" descrea o no confíe en los psicólogos en general, lo cual no quiere decir que no confíe en Juan Luis o Juanita, su psicólogo particular.

"Un día –dice un escritor tibetano– vi algo que se movía a lo lejos. Creí que era un animal. Me acerqué y me di cuenta de que era un hombre. Se acercó, entonces, y vi que era mi hermano"[6]. De eso se trata, de vernos de cerca; las miradas deterministas nos obligan a tomar distancia y ver al otro de lejos. Es un enfoque que peca de frialdad afectiva, aunque intente acercarse, se aleja y nunca está seguro, según el psicólogo estadounidense Rollo May, de ver al hombre que intenta estudiar. Debemos construir vínculos que nos ayuden a vernos de cerca. Aunque aparecerán los defectos, aparecerá la humanidad y sobre todo la hermandad. Si el otro es mi compañero de camino, puedo hacer algo para ayudarlo. Y ese otro somos nosotros, es mi pareja, mis amigos, mis alumnos, mis pacientes, los otros que pueblan mi psiquismo. El ser humano manifiesta cercanía para quienes están próximos en sus afectos pero indiferencia para los que están lejos. Una de las grandes virtudes de esta era tecnológica es que nos ayuda a tomar consciencia de dolores y sufrimientos ajenos o lejanos, para tenerlos más cerca y poder crecer en actitud de tolerancia, compasión y cambio de actitud.

---

6. Citado por Carlos Díaz en *Valores y logoterapia*.

Hace poco tiempo, en una entrevista televisiva, escuché a Isabel Allende, hablando de su libro *Paula*, el libro que escribió para elaborar el duelo de la pérdida de su hija. En ese momento muy duro de la entrevista, el periodista, para salir del paso, le dijo algo así como "Pero Isabel, también se aprende de las cosas bonitas de la vida". Es un intento comprensible del periodista de recuperar a su entrevistada luego de una anécdota movilizadora. Me quedó grabado en el corazón la respuesta que ella dio, mirándolo seria y con total serenidad: "No, se aprende del sufrimiento". ¡Qué ejemplo de dignidad frente al dolor y la recuperación!

El sentido del sufrimiento nos hace palpar la felicidad de la vida. Por supuesto que uno aprende y saborea la belleza de la vida con todo lo que trae, pero Frankl coincide con Allende, el aprendizaje del sufrimiento es un aprendizaje que eleva al ser humano y lo hace mejor persona, lo cual no quiere decir que sufrir sea la única vía para crecer. Además, debe tratarse de un sufrimiento que no se buscó, sino de uno asociado al vivir, inevitable.

La vida incluye el riesgo de vivir o de enfrentar los desafíos que nos esperan en cada paso que damos.

¿Para qué le sirve al niño crecer en autonomía y sin sobreprotección? Crece en autoconfianza, en autoestima. Se afirma en su personalidad, se sentirá más seguro, la próxima vez ya lo intentará solo y no preguntará por su madre o padre para que lo "cuiden". Se crece en capacidad para tomar decisiones, por lo tanto aumenta su libertad y su responsabilidad. Podrá responderle a la vida por sí mismo, sin excusas y sin querer evitar las consecuencias que ello traiga.

Prefiero gastar en médicos

Estamos paseando con mis hijas en un parque, nos encontramos con amigos, unos juegan al fútbol otros tomamos mate y conversamos. Estamos cerca de la famosa "jaula de los monos" con niños jugando. Escucho que una madre le dice a la niña (ya grande, casi 10 años) "¡cuidado, que te puedes caer!" Como conozco a la madre, me atrevo a decirle en broma y en serio (como los grandes temas de la vida), "Déjala, así te ahorras el dinero que gastarías en psicomotricista". Me responde algo así como "mejor gastar en psicomotricista, que en traumatólogo, ¿no te parece?". No, no me parece. Este es un ejemplo claro del miedo. Cabe aclarar que la niña estaba muy feliz en su pirueta, no se estaba cayendo ni por caerse cuando se dio el diálogo.

Claro, mi respuesta era en tono jocoso, no pretendo afirmar que un niño no necesite psicomotricista porque suba y baje solo de la jaula de los monos. Pero las realidades que atienden los psicomotricistas suelen ser la de niños grandes que no saben cortar una milanesa, saltar una cuerda, andar en bicicleta, atarse el cordón de los zapatos. Por "preferir no gastar en traumatólogo", exoneramos al niño de aprender, de que se esfuerce y se entrene en habilidades básicas para la vida que tienen que ver con correr, saltar, y muchas otras que forman parte del desarrollo de la dimensión física.

Extrapole usted lector la influencia de estas mismas actitudes a la dimensión psicológica, donde crece la auotestima, la confianza, el perder el miedo, la valoración grupal, etc. Con qué ligereza y liviandad uno escucha este tipo de respuestas: "no importa, le pago el médico, el psi, el experto de turno que sea". Cuántos mensajes detrás de esta actitud, donde el consumismo termina por decidir y confirmar la sobreprotección paterna. Por otro lado, qué poca visión a largo plazo tenemos hoy. No nos podemos proyectar por miedo. Ese padre o madre que tiene miedo de que su hijo se caiga, no puede tolerar su frustración y su miedo. Prefiere estresarse para que se baje y quedarse tranquilo porque su hijo ya "no corre peligro". Esto es lo que más me preocupa cuando encuentro adultos inmaduros emocionalmente, con dificultad para aceptar los límites. No se puede crecer firme, si no recibimos desde la base esa "confianza básica" de la que hablaba Erikson, esa fe incondicional que los padres debemos transmitir a los hijos: "Bienvenido a la vida".

Menos colchones, más chichones

Le invito a responder estas preguntas.

- ¿Cuáles son los "colchones" que yo tiendo a poner?
- ¿Por qué tengo miedo de que mis hijos sufran?
- ¿Qué puede pasar si no encuentran el colchón?
- ¿Quién me sostiene en mi rol?
- ¿Cuáles son los "chichones" que recordamos de nuestra infancia?
- ¿Para qué nos sirvieron?
- ¿Para qué me sirve hoy arriesgarme sin colchón?
- ¿Por qué me cuesta dejar de facilitarle las cosas?
- ¿Qué es lo que les quiero facilitar?

Estilo perfeccionista de ser en padres e hijos

Joaquín es un joven inteligente, extrovertido y a su vez dependiente, inseguro. Viene a la consulta acompañado de su madre, muy preocupada por sus "dudas existenciales". Tiene miedo a la muerte y se preocupa por todo. Cuando llega a la consulta, me dice que "ahora está mejor" pero que tuvo semanas en las que estuvo muy angustiado. Joaquín tiene una personalidad de tipo obsesiva, que es aquella que incluye la duda, el miedo, el pensar mucho, el razonar e hiperreflexionar. Si esto paraliza a la persona, puede ser una situación de angustia patológica y que una consulta o terapia puede ayudar, sobre todo a flexibilizar.

La persona con esta personalidad tiene el problema de ser rígida, pues para estar saludable hay que ser flexible. Le cuesta "amar el misterio", le cuesta "amar la duda" y, por lo tanto, le cuesta mucho el mundo afectivo e irracional de los sentimientos.

Recordemos la película *Mejor imposible*, con la gran actuación de Jack Nicholson, que cuenta la historia de una persona con un trastorno obsesivo compulsivo que logra establecer un vínculo con una mujer que lo ayuda a mejorar. Está muy bien representada la premisa que solemos utilizar en logoterapia y psicoterapia existencial: "lo que cura es el vínculo", el amor, el entregarse, el poder trascender a algo mayor que uno mismo.

Joaquín me relata que siempre tuvo miedo a la muerte pero que lo "iba llevando". El año pasado terminó 6º año de liceo y ahora está iniciando la facultad. Me dice: "cuando terminás el liceo es como que se acaba el mundo". Una imagen muy fuerte y muy significativa. Para nosotros la persona es un "ser-en-el-mundo", el yo y el mundo se van construyendo mutuamente y simultáneamente. Es por esto que cuando "el mundo se acaba" (experiencia de muerte) y debe nacer a un mundo nuevo, a un yo nuevo que está, surge la angustia. La angustia es normal hasta que se demuestre lo contrario. Si implica crecimiento, es normal, porque nos recuerda que estamos vivos.

A lo largo del encuentro, la madre se va dando cuenta de que es más sobreprotectora de lo que pensaba. Me relata un episodio en que se turnaban con su esposo para hablar con Joaquín y "consolarlo para que estuviera bien". El "útero protector" intenta cubrir por miedo a que el hijo sufra o por no saber cómo acompañarlo mientras sufre.

Si no hay sufrimiento, no hay crecimiento y no hay separación. Para poder "separarse de los padres" y pararse sobre sus propios pies, el niño y adolescente precisa afirmarse, angustiarse y que "otros lo consuelen". Si siempre lo consuela mama o papá, corre el riesgo de no salir de casa y quedar "amando adentro".

Amar adentro, significa simbólicamente no lograr la separación. Implica no dejar que nadie entre en mi vida y quedarme cómodo, "calentito" con papá y mamá en casa. Afuera de casa es donde puedo realizar mis posibilidades. Amar afuera implica frío, miedo, inseguridad, pero iniciar ese camino es el camino para el crecimiento personal y el afirmar una identidad madura y responsable.

El problema del modo de ser perfeccionista es la muerte. El miedo a la muerte es el miedo a la vida, es no poder arriesgarse a vivir. Vivir implica enfrentar la muerte y la pérdida. Por "querer tener todas las opciones" o "probar todas las posibles", la persona se queda en el intento y no se anima a la frustración, le cuesta elegir. Decidir ennoviarse con Fernanda implica elegir a Fernanda y no elegir a Manuela. Elige A y no elige B al mismo tiempo. Y esto es precisamente lo difícil. Por otra parte, suelen ser personas controladoras de sus parejas y con riesgo de cosificar al otro. Es más fácil relacionarse con cosas que con personas vivas que cambian y dudan. Vive dudando, porque es la manera de no elegir una opción, dejando morir las otras. Posterga las decisiones, pierde el tiempo pensando, vive en un modo lento para que le "dé tiempo" de decidir y, finalmente, nunca decide.

En el fondo cualquier terapia para esta modalidad debe pasar por flexibilizar, por abrir mente y corazón, por no quedar hiperreflexionando y ayudar a la persona a entrar en la vida. Cualquier actividad que implique ejercicio físico, meditación, escribir que ayude a la "derreflexión" como afirma Viktor Frankl. Todos los esfuerzos terapéuticos pasarán por facilitar la aceptación de lo imperfecto, incorporar las dudas y animarse a ser más espontáneo e impulsivo.

Es una persona que vive pensando, vive con la cabeza y desde la cabeza; le falta que le vuelva el alma al cuerpo, "ponerle el cuerpo" a su vida y a las decisiones cotidianas. Al poner el cuerpo, se entrega y se regala y eso le costará mucho.

El mundo siempre tiene sus dudas e imperfecciones, el obsesivo siempre quiere todo perfecto y acabado. Pero acabada es la muerte, la vida siempre es inacabada e inconclusa. El logoterapeuta Ricardo Peter basa su obra en la "terapia de la imperfección". Recomiendo para quienes quieran profundizar en el tema su libro llamado *Líbranos de la perfección*.

Solo lo muerto es perfecto porque no puede cambiar. La vida es imperfecta y estas imperfecciones nos ayudan a humanizarnos.

Es el afán de ser perfectos lo que nos hace sufrir y no nos permite relajarnos y disfrutar de la vida. La entrega a la vida nos permite "aflojar" y "distendernos". El vivir permanentemente pensando genera un desgaste enorme y un "cansancio mental", de hecho es lo que hace que la persona sea más lenta e insegura. Amar la imperfección es amar lo humano en nosotros. Nuestra humanidad incluye el defecto, la insoportabilidad; para lo cual es preciso vencer el miedo al ridículo y poder reírnos de nosotros mismos. La falta de sentido del humor, la dificultad para aflojarse y divertirse son justamente rasgos distintivos de esta personalidad.

No se puede bailar y estar triste al mismo tiempo. Podemos ayudar a que un hijo con este tipo de características pueda distenderse y aflojarse. Podemos generar para ello juegos, dinámicas, deportes que le ayuden a interactuar y a "ensuciarse". Puede molestarle una pequeña mancha, para lo cual podemos ayudar, en primer lugar, con el ejemplo, no estresándonos con nuestra propia ropa y cosas, ayudando al desprendimiento. El apego a las cosas es otro rasgo, suelen ser coleccionistas. Es una persona que anda pegada por la vida, adherida a las cosas. Necesita desapegarse, por eso puede ayudar mucho "obligarlo" a dar, a desprenderse, aunque al principio pueda resultarle angustiante será un muy buen aprendizaje.

En el fondo la vida nos entrena en el desapego, por eso no debemos tener miedo de este pequeño ejercicio. Evitar las "acumulaciones" de cosas y ropa que ya no se usa, investigar a quién podemos ayudar; que se transforme en un ejercicio de dar.

Todo esto nos permite a la vez educar en valores. Los valores están siempre presentes y cada oportunidad de la rica vida en familia puede ser una buena excusa para seguir educando.

Nos cuesta amar el misterio de la vida porque no estamos viviéndola a pleno. Por eso el miedo a la muerte y a lo desconocido siempre aparece en hitos vitales, en etapas como la de Joaquín, saliendo del útero materno, del útero de su escuela y liceo, para salir hacia el mundo y encontrarse con personas diferentes, con valores diferentes. En la diferencia nace la salud y el hospedar al otro. Es más fácil hospedar al que piensa como yo que al que no. A pesar de eso, puedo sostener ese vínculo y no exiliarme o distanciarme porque "no es de los míos".

La afinidad de los que piensan más o menos igual, se nutre y se oxigena cuando aparece alguien que nos trae "energía nueva", que piensa diferente y nos ayuda a ser más tolerantes y mirarnos en ese espejo.

Cuando descubrimos que el otro no es perfecto, también descubrimos que nosotros no somos perfectos y vamos saliendo de la idealización infantil y pasando a una mirada adulta sobre nosotros mismos, diciéndonos la verdad.

En el fondo el "neurótico obsesivo" es un mentiroso; toda neurosis es un alma que no sincera, que tiene miedo de enfrentarse con la verdad. La verdad es que no soy perfecto, no lo sé todo, no puedo controlarlo todo, debo decidir con datos incompletos, debo amar la realidad y las personas tal cual como se me presentan. ¡Donde hay vida, hay desorden!

Contrato para liberarnos de la perfección

Yo me comprometo:
- A perdonarme, a no exigirme de más, a aceptarme, a no querer ser perfecto, a querer ser humano y amar mi humanidad, mis límites, mis errores.
- A aceptar el defecto del otro. Eso me ayudará a vivir mejor, tener vínculos más fuertes, más humanos y menos "divinos".
- A escuchar al otro, al que no piensa lo mismo que yo, a no convencer a nadie de nada, a no intentar ser el dueño de la verdad.
- A decirme la verdad aunque duela, a vencer el miedo al ridículo, cantar, bailar y jugar más de lo que vengo haciendo.
- A disfrutar, a no pensar de más y dejar que la vida me lleve en su fluidez de vivir.
- A no ser tan rígido, a no buscar cosas "fuera de lugar", a perder la lógica racional de las cosas, el "cómo debe ser" y entregarme al "cómo está siendo".
- A hacerme tiempo para perder el tiempo.
- A disfrutar del aquí y ahora sin perder la lucidez del futuro.
- Me comprometo a no cumplir este contrato a la perfección.

Ventajas de vivir una infancia difícil

Nunca es tarde para tener una infancia feliz

Milton Erickson

El hombre común de la calle, como le gustaba decir a Viktor Frankl, ha crecido con la idea –fundamentalmente en los últimos cuarenta o cincuenta años– de que "todo lo que le pasa al niño le afecta". Todo afecta para bien y para mal, es el gran aporte del psicoanálisis: el niño tiene emociones y le afecta lo que sus padres hacen o dejan de hacer.

Pero la faceta negativa de esta afectación quedó grabada a fuego en la cultura popular, dejando un profundo miedo a "traumar" al niño, marcándolo negativamente, sin querer.

Padres y educadores han quedado neutralizados, temerosos, ya que si todo lo que hacemos afecta, corremos el riesgo de lastimarlo, de marcarlo. A lo cual se suma la idea antes desarrollada de que los padres no quieren repetir en sus hijos viejos patrones de conducta, ya que culpan a sus propios padres por lo vivido. Por miedo a equivocarnos, mejor no hacemos nada, y quedamos inoperantes en nuestro rol de padres, vacíos de nosotros mismos, de nuestra función como socializador, de nuestro rol fundamental. Hemos crecido, por lo tanto, con el paradigma de que lo que ha ocurrido en los primero años de vida marca a la persona y determina su psiquis como adulto.

El ser humano nace y se hace con otros; padres y educadores son claves para educar y afectar el psiquismo del niño que crece. Los padres debemos afectar, debemos estar presentes y debemos ayudar a que el niño crezca, lo cual resulta imposible si no influimos en él.

La logoterapia y el concepto de resiliencia, planteado por Boris Cyrulnik, nos enseñan que hay muchas "ventajas de haber tenido una infancia difícil", contrariamente a la idea de que si la infancia fue difícil, entonces, ya no hay nada que hacer. Vemos a diario, en consultas y centros educativos, que se puede hacer mucho, a pesar y gracias a la infancia que se ha tenido. Una infancia difícil puede ser ausencia de uno o de ambos padres, tanto física como simbólicamente, puede ser pasar penurias a nivel económico, violencia, ser víctima de bullying por compañeros de clase, sufrir "sentimientos de inferioridad". De alguna manera, podemos decir que todos, en mayor o menor medida, venimos de "familias disfuncionales", en las que nuestros padres quisieron dar todo o nos faltó todo.

Toda convicción es una cárcel, afirma Friedrich Nietzsche. Debemos salir de paradigmas deterministas y pasar a un esquema esperanzador del ser humano, en el que todo lo que hagamos condiciona pero no nos determina. El ser humano es libre de hacer algo con lo que hicieron de él. La resiliencia es definida como la capacidad de aprender después del sufrimiento o la capacidad para salir fortalecido después de un hecho doloroso o traumático.

La propia historia de Viktor Frankl, el fundador de la logoterapia, y la de tantos otros autores son vivencias de pura de resiliencia. Pero todos somos resilientes. Cada ser humano tiene la posibilidad de cambiar de actitud y aprender del dolor. El que una infancia difícil nos ofrezca ventajas quiere decir que el haber sufrido determinadas situaciones en edad temprana, nos entrenó y preparó para el futuro.

¿Por qué la mayoría de los centros educativos hablan de la baja tolerancia a la frustración que tienen nuestros hijos? En gran parte debido a la falta de entrenamiento que tienen los niños y jóvenes en cuanto al sufrimiento, por lo cual no saben cómo lidiar con él.

En el otro polo, encontramos aquellos quienes por su situación social, por aislamiento, ausencia parental o características biopsíquicas, se encuentran en situación de "vulnerabilidad". Esa vulnerabilidad puede ser aprovechada por el niño o el adolescente para salir fortalecido. Enfrentar la adversidad puede ser uno de los secretos de la creatividad y de vivir una vida plena de sentido. La actitud que se adopta frente al sufrimiento nos transforma y nos renueva la esperanza y la capacidad para la felicidad. Felicidad y sufrimiento van de la mano, son dos caras de la misma moneda que es la vida. Es curativo y restaurador transmitir la idea de que haber tenido una infancia difícil no nos convierte en neuróticos o traumados necesariamente, todo depende de la actitud que tomemos frente a esa situación de dolor; se puede transformar en una experiencia que nos cambie la vida, que le dé un nuevo sentido y un nuevo proyecto a partir de la resignificación del dolor.

Hay algunos enfoques de la psicología que ponen etiquetas con demasiada facilidad sobre el alma humana, definiendo, por ejemplo, a una familia como "familia disfuncional". El efecto sobre sus miembros puede ser contraproducente, generando actitudes de apatía y resignación, sacando la conclusión de que "con lo que me pasó ya no tengo arreglo". Son algunas de las conclusiones a las que puede llegar una persona luego de tener una charla con un profesional o de ver en la TV o radio a alguien que, sin conocer la situación de cada persona en particular, habla en general. Esto es trágico, ya que no solo no ayuda a restaurar la imagen que se tiene de la psicología en general, sino que, lejos de ayudar a cambiar a la persona, la condena a un destino aparentemente inmodificable. La persona se descansa en estas "verdades científicas" que lee y sucede lo peor, que luego precisará de otros diálogos, libros o psicólogo para tratar de revertir la actitud fatalista y determinista.

Necesitamos comprender el poder transformador del sufrimiento y de que es posible salir adelante a pesar de haber vivido una infancia complicada. Yendo más lejos, se puede afirmar que el haber vivido situaciones difíciles puede hacer al niño y adolescente más empático, más sensible al dolor ajeno, más atento a lo que sufren los demás y más agradecido cuando le va bien en la vida.

Esto se confirma por el opuesto, cuando los educadores o psicólogos se encuentran con niños que "han tenido todo", al decir de sus propios padres, y que luego frente a la primera situación adversa, una separación, un viaje de los padres, una mala nota en la escuela, la ruptura de un noviazgo, se vienen abajo, decaen y se deprimen. El tardío enfrentamiento con la adversidad los hace más frágiles frente a ella y más débiles para la recuperación. Si ante las dificultades de la vida en familia y la vida escolar o liceal, el niño o adolescente es capaz de mantener la calma, de reflexionar de distanciarse de lo vivido y de cambiar de actitud, podremos decir que tiene una actitud resiliente.

Si luego tenemos la chance de charlar con esa persona, quizás nos cuente que ha vivido cosas similares en su familia, cuando sus hermanos o padres se peleaban y que dichas vivencias le enseñaron a tomárselo con calma y cambiar de actitud o incluso a poner en juego el sentido del humor. Pero si su reacción es reactiva y comienza a agredir o, por el contrario, se paraliza, estaremos lejos de la resiliencia. Lo reactivo es impulsivo y no lleva a pensar antes de actuar.

Aquellas personas que no se rindieron pese a las dificultades vividas en la infancia, viven con otra actitud. La pregunta a hacernos no sería si nuestra infancia fue o no difícil, sino qué significado le hemos dado a esas vivencias, cómo la recordamos. Podemos vivenciar nuestra historia familiar como algo que nos frena o como algo que nos empuja a seguir.

Escribo estas páginas con la ilusión de ayudar a restaurar lo vivido, a darle un sentido al sufrimiento y poder pararnos sobre nuestra infancia, para transformar nuestro futuro desde nuestro presente. Si me quedo mirando hacia atrás, buscando explicaciones de por qué estoy como estoy, puede ser un trabajo "que no termine nunca" y, peor aún, corro el riesgo de no avanzar. Muchas de las personas que he acompañado han demostrado poder formar un hogar de nuevo, valorar la vida en todas sus dimensiones, ser creativas y perseverantes frente a las dificultades, a pesar de grandes dolores en su historia; personas que no se entregan fácilmente. Esa fuerza no solo se transforma en un poder sanador para ellas sino también para quienes le rodean, incluso nosotros los terapeutas o familiares que acompañamos.

Hace algunos años atrás, y aún hoy en algunos ámbitos científicos, a la mayoría de los terapeutas les hubiera parecido ridículo que se pudiera llevar una vida adulta normal luego de haber vivido una infancia más o menos difícil. Se creía que lo vivido en las primeras fases de la vida era irreparable, no se podía compensar y que determinaría la salud de la persona adulta sin posibilidad de resignificar lo vivido. Ahora sabemos que no es así, que no se puede determinar el destino de una persona por lo vivido en su infancia. Lo que sí nos determina es nuestro futuro. Saber hacia dónde vamos, cuál es nuestro proyecto vital, puede hacernos mover y dejar atrás con dolor, nostalgia y sufrimiento un pasado. En cambio no saber hacia dónde vamos (represión del futuro) puede condenar a la persona al instante o al presente. Sufrimos de instantismo, todo ya. Todos somos vulnerables, nadie está exonerado de sufrir. Pero la forma en que asumimos nuestra vulnerabilidad es lo que nos hace resilientes, es lo que nos permite tomar una actitud frente a lo que nos pasa. Por eso insistimos en que hay que abandonar la culpa y poder educar y frustrar sin miedo, confiar en esta capacidad resiliente que tiene el ser humano para salir fortalecido.

Los estudiosos de la resiliencia coinciden en que los elementos claves en la recuperación de una pérdida, abuso a situación difícil vivida, son la autonomía, la iniciativa, la creatividad, el sentido del humor, la esperanza y el tener un sentido o propósito en la vida, entre otros. Como afirma Carlos Díaz: "La mejor manera de ganar es olvidarse de anotar los tantos". "Perdono pero no olvido" dicen algunos. ¿Habrá perdonado de verdad quien afirma esto?

La resiliencia es la capacidad de transformarse a partir de lo vivido, la capacidad que surge en la persona a partir del hecho traumático para reincorporarse y seguir a pesar de lo sufrido. Para que se dé esto, es clave el poder narrar lo que pasó y encontrar una persona que escuche y acepte lo que se cuenta. Esto es lo que Carl Rogers llamó la "aceptación incondicional". Es la capacidad para sostenernos, pararnos sobre nuestros pies y volver a confiar en la vida. Para esto se precisa recurrir a lo que Frankl denominó "autodistanciamiento" que es la capacidad de tomar distancia de lo que nos pasó. Para la logoterapia, todos somos resilientes. Todos tenemos esta capacidad de aprender de lo vivido y resignificarlo.

Para perdonar hay que poder narrar lo sucedido, encontrar a alguien que me escuche y acepte lo que cuento.

Gracias por la herida

Le invito a responder estas preguntas.
- ¿Qué recuerdos tristes o complejos tengo de mi infancia? Pueden ser situaciones familiares, sociales, económicas, vinculares.
- ¿Pude elaborar esos sufrimientos?
- ¿De qué manera esas vivencias me transformaron?
- ¿En que he crecido gracias a lo que vivi?

Aceptar, comprender y elegir

Aceptar, comprender y elegir son las claves para liberarnos del enojo, del reproche y de la actitud infantil. Son tres actitudes que liberan a la persona de un pasado que lo condena y evita que se meta de lleno en el presente y en el futuro que lo espera.

Aceptar. Debemos aceptar lo que somos, no es fácil, y quizás precisemos de alguien que nos acompañe en este proceso. Aceptar a mi familia, mi carácter, el lugar donde nací, dejar de luchar contra el destino, dejar de reclamarle a la vida por lo que se supone que debió pasar. Cuando logro aceptar, dejo de reclamar y viene a mi encuentro una sensación de paz en el alma, paz y serenidad porque siento que tengo el destino en mis manos. Esto me lleva al segundo paso que es comprender.

Comprender. Comprendo lo que pasó, comprendo cómo me educaron con las herramientas y límites que mis padres tenían en su época. Comprender es más que entender. El entender es racional, el comprender es emocional, es profundo, es comprender para dejar ir, para seguir con mi vida sin excusas. Comprender con y desde el corazón para escuchar al otro. Comprendo que mis abuelos y padres tuvieron su historia y no tengo el derecho de juzgarlos con mi visión de ahora. ¿Si yo mismo ya estoy siendo juzgado como padre por mis hijos? Necesito hacer las paces con mi historia para poder educar sin justificaciones. La vida es futuro, no es terapia de las vidas pasadas. En el pasado quedo atrapado y sin querer puedo buscar que me exoneren de mi responsabilidad en el presente. Comprender implica seguir mi vida en paz, y poder dar amor y paz a los que me rodean.

Elegir. Es un paso de liberación interior. Rollo May insiste en que terapia es contribuir a que el otro sea libre y que pueda "elegirse a sí mismo". Se trata de mirarnos al espejo y decir con orgullo y alegría "este soy yo". Un "yo", que como hemos visto, se teje en los vínculos, en los "tú" que acompañan nuestro camino, no solo nuestros afectos cercanos sino también nuestra comunidad familiar, sociedad, barrio, mi país. Hay muchos "tú" que nutren nuestra vida y así como nos nutren, también somos responsables de nutrir y no aislarnos. Si nos aislamos, nos mutilamos. No dejemos los otros, los tú, de lado. No crezco si no me nutro de los demás.

La necesidad de esperanza

Hemos dicho que las tres virtudes pedagógica son la templanza, la paciencia y la esperanza. Todos hemos vivido situaciones con abuelos o con adultos mayores en las que una vez fallecida la abuela, se teme que "el abuelo se venga abajo". Si llega a enfermar, producto de la vulnerabilidad psicofísica de un duelo, quizás se pueda morir. Más allá de las explicaciones médicas, la familia suele decir "el abuelo murió de tristeza" o "el abuelo se dejó morir, se entregó". Esta es la clave de la esperanza y de la resiliencia, el confiar y no entregarnos. Cada uno de nosotros es el otro del otro; es la escalera que el otro está esperando para resistir, para poder seguir pese a todo y para poder dar sentido a un sufrimiento que parece incambiable.

Muchas veces en la consulta de los psicólogos, los pacientes dicen una y otra vez "no lo voy a superar, creo que no puedo". La resiliencia nos enseña que se puede resistir con esperanza, fortaleciendo los vínculos, aprendiendo a tolerar la frustración y, especialmente, sabiendo que todo sufrimiento tiene un sentido, que debemos ser pacientes para esperar. Necesitamos desarrollar la capacidad y la confianza de que el ser humano puede resistir y darle un nuevo sentido al dolor vivido. Nadie queda atrapado en su pasado si logra cambiar de actitud. Cuando la persona pierde la esperanza, se desespera, se ahoga en su propio tanque, no encuentra salida e incluso si está encerrada en su angustia, quizás no vea la escalera que el compañero, el amigo, el terapeuta le está tirando para que pueda salir adelante. El que espera, desespera, dice el dicho popular, haciendo referencia a esto. Muchas veces nos atrapa la angustia y no vemos el camino, por eso el confiar es un buen consejo, confiar y esperar, no desesperar.

La esperanza nos recuerda que el ser humano puede salir adelante si sabe que alguien o algo le espera, que está ahí flotando en el futuro. Y para eso nada mejor que nosotros los adultos y los educadores, que somos los primeros en "acercar la esperanza". La esperanza se vivencia en cada gesto, es cuando se le dice al hijo y al alumno "yo estoy aquí", confianza y seguridad para recorrer el camino, incluso un camino que incluye los obstáculos, los dolores y los momentos de apatía y sin sentido. Si tenemos quien nos recuerde que se puede seguir, seguimos adelante a pesar de momentos de desgano o cansancio. Por eso nuestra tarea al educar lleva implícita la confianza y la esperanza en las nuevas generaciones, en que ellas sabrán cómo resolver los dilemas que cada época plantea a nuestra comunidad, al país y al planeta.

II. ¿POR QUÉ NOS CUESTA SER PADRES?

Claves para el inicio de clases: ¡padres suelten a sus hijos!

Comenzar las clases siempre se vive con expectativa por parte de padres y niños. Días antes se va comprando lo que es necesario o actualizando lo que quedó del año pasado. Útiles, túnicas, uniformes. La expectativa del reencuentro con los compañeros, de quién será la nueva maestra, algún compañero que ya no está. Es un período que puede estar acompañado de cierta angustia.

A veces como padre he escuchado en la puerta de la escuela a otros papás o mamás diciéndole a su hijo (seguro yo he dicho lo mismo): "que te vaya bien, que te diviertas". Si bien, al principio, puede ser un saludo afectuoso para brindar ánimo, no es verdad que se va a divertir siempre o que tenga que divertirse. Todos sabemos que si el aprendizaje va acompañado de buen humor, de alegría, podrá incorporarse mejor, pero no es deseable ni real que "siempre sea divertido" ya que la vida no siempre será divertida. También el aprendizaje traerá lecturas quizás tediosas, ejercicios o dinámicas que la maestra va a proponer y que no necesariamente le pueden parecer divertidas al alumno o al padre. Siempre les digo a los padres que los docentes no pueden ser un payaso que entretiene, que motive todo el tiempo. Lo cual no quita que usen su amor y humor para animar el aula. Tampoco los padres debemos caer en la tensión de tener qué "entretener al niño" o "hiperestimularlo."

En todo caso, lo importante como padres es prever que esta etapa trae cierta cuota de estrés y que hay enfatizar la autonomía del niño. Como vimos en los capítulos anteriores, si salimos de la sobreprotección, estaremos apostando a que el niño crezca en autonomía e independencia. Eso lo ayudará a vencer sus miedos, a recomenzar cuando se ha caído y a tolerar mejor las frustraciones. Aprenderá así a hospedar el dolor y cambiarlo por amor y entrega, por paciencia y sabiduría. Es un frustrar amoroso.

Lo nuevo siempre puede dar miedo, pero la seguridad con que los padres preparen y luego despidan al hijo, puede darle la confianza necesaria para esta nueva etapa. Algunos padres lo pueden vivir con miedo porque "en casa estaban tranquilos y seguros" y ahora pasan a un lugar que los padres no controlan. También pueden aparecer los miedos nocturnos, angustia, pesadillas, síntomas de adaptación a la nueva experiencia.

El sueño es uno de los hábitos fundamentales. Dependiendo de las edades, este proceso de nueva adaptación podrá ser más o menos difícil. A los adolescentes les cuesta salir de su cuarto; conviene días previos al inicio de clase ir haciéndolos participar de la vida familiar y acomodar así sus ritmos, para que luego pueda retomar el ritmo de levantarse temprano.

Es importante que todos los hábitos que cambiamos en las vacaciones, alimentación, recreación o sueño vayan acomodándose, con los propios niños como protagonistas, para que ellos mismos se preparen y el cambio no sea abrupto. Es aconsejable ir acotando los desayunos y almuerzos, de manera tal que la distensión típica de las vacaciones, dé lugar a un ritmo agitado como es en el año.

Dos actitudes esenciales: soltar y confiar.

En un centro educativo uruguayo, los directivos me acercaron una pequeña investigación que habían hecho a la interna del centro sobre la percepción que tenían los alumnos con bajo rendimiento sobre la vida de sus padres. En breves palabras, los alumnos afirmaron que sus padres trabajan demasiado, que estaban siempre estresados, apurados, corriendo, cansados, enojados y que no disfrutaban. Señalan también que pasaban poco tiempo juntos y que no los acompañaban. Percepción muy significativa por parte de estos alumnos.

Padres estresados, hijos con bajo rendimiento.

Necesitamos recuperar nuestra alegría, salir del estrés y la fatiga crónica para que luego nuestros hijos tengan unos padres presentes, involucrados, más vivos en el fondo, o vivos sin más, y presentes del todo. Seguramente los padres que llegan con alegría a la casa luego del trabajo, transmiten que su vida tiene sentido en el día a día, en el trabajo diario. Transmiten el valor del esfuerzo y del cansancio pleno de sentido, que no te "desvive" ni te agota. Cuánta vida se agrega a la vida de los hijos si podemos contagiarles disfrute, sentido del humor y creatividad en las actividades diarias.

El consejo para el padre y/o madre es acompañar, dar seguridad, pero también retirarse a tiempo. Si nos quedamos parados en la puerta de clase cuando el niño llora, será difícil que pueda desprenderse de nosotros y adaptarse a la nueva situación. Es esperable que estas conductas se den al principio pero luego cedan.

Es clave que la actitud del padre y madre sea de entusiasmo, alegría y buen humor, como cualquier pasaje de la vida, cualquier etapa de tránsito para que el período de adaptación se dé naturalmente. Es una pequeña muestra de todas las adaptaciones futuras que la vida depara tanto a hijos como a padres.

Siempre en esta etapa aparecen emociones y lágrimas: los padres por "dejar a los niños", los niños porque extrañan los rostros familiares. Los más adolescentes ya están felices de "dejar a los padres en casa" ya que en vacaciones tuvieron quizás "sobredosis de padres".

Las edades nos van anunciando que la vida pasa y que nuestra actitud de alegría, estímulo y entusiasmo es fundamental para que en el niño crezca la confianza, la seguridad y la autoestima necesaria para enfrentar los desafíos.

Recuerden cuando en la película *Buscando a Nemo* Marlín debe dejar que su hijo Nemo vaya a la escuela, cuánto le cuesta y le duele ver que su hijo crece. Dejar ir, soltar, es una buena actitud a entrenar en estos días y confiar. Confiar en que los maestros los recibirán con alegría y entusiasmo.

En el fondo se trata de dejarlos entrar en la vida y no postergar su crecimiento y desarrollo. Afuera está la vida, esperando para nutrirse de sus aportes y vivencias, el desarrollo de sus posibilidades.

Cansancio y alegría

Le invito a responder estas preguntas.
- Cuando llego a casa del trabajo, ¿llego fatigado?
- ¿Cómo transmito mi cansancio a mis hijos?
- ¿Qué puedo hacer para dejar mi cansancio fuera de casa y transmitir alegría?
- ¿De qué manera les transmito entusiasmo, felicidad y espontaneidad?

Como canta Joaquín Sabina, "Porque una casa sin ti es una oficina".

Habilidades para el trabajo que se forja en la familia

Comunicación, liderazgo, motivación y trabajo en equipo

Parte de mi labor como psicólogo es trabajar en empresas: logoterapia organizacional, conferencias motivacionales, talleres con gerentes, mandos medios, temas vinculados a la psicología laboral en general. Algunos de estos temas resultan conflictivos para las empresas, por lo cual se trabaja en capacitaciones permanentes para facilitar y seguir evolucionando.

Estos temas suelen ser: comunicación, liderazgo, motivación, sentido del trabajo, manejo del tiempo, trabajo en equipo, toma de decisiones, negociación, equilibrio entre familia y trabajo, manejo del estrés, entre otros.

No es raro escuchar en algunas organizaciones afirmaciones tales como "el trabajo es como una familia" o "hace tanto tiempo que estoy acá, que paso más tiempo con ellos que con mi familia". Y es verdad; aunque a veces es un "como si" peligroso, porque el riesgo es que la persona tenga más intimidad con alguien fuera de la familia y esto vaya en desmedro de las relaciones más cercanas.

De hecho, las temáticas trabajadas en la empresa, como comunicación, motivación y liderazgo entre otros, son elementos que están en la base de la dinámica familiar, esencialmente vinculares. Pero veremos que son habilidades, que si bien se trabajan y perfeccionan en el ámbito laboral, nacen y se alimentan en la familia.

Nos proponemos analizar cada una de ellas, observando cómo se generan y qué base familiar puede generar una suerte de actitud resiliente y formativa para la persona. Veremos cómo influye la familia en la formación de hábitos de vida. Esto luego se aplicará en la vida en general y en el ámbito laboral y organizacional en particular.

Comunicación

En la familia nace la comunicación humana. Nos hacemos humanos siendo con otros, este "siendo" incluye la escucha, la palabra, los sonidos. Cuando pensamos y recordamos nuestra infancia, se nos aparecen colores, rincones, olores, ruidos, música. Esta música se inspira en palabras que nos dijeron nuestros padres, abuelos, hermanos, maestros.

Los psicólogos sabemos muy bien el cuidado que debemos tener con nuestras palabras, ya que las palabras que nombramos y usamos impactan en la vida de las personas. Muchas veces nos encontramos con alguien a quien acompañamos hace ya tiempo y nos dice "me acuerdo de tus palabras, todavía me acompañan". Esas palabras, que como dice Benedetti, "fueron revelaciones", nacen de un vínculo especial. Ese vínculo especial también se forma en la familia, donde "tenemos que hablar" de lo que nos pasa.

Anteriormente he hablado de la película *El Rey León* para ejemplificar la importancia de la figura paterna. Veamos una de sus escenas para hablar, en este caso, de la comunicación afectiva en la familia: Simba (el hijo de Mufasa y Sarabi), el leoncito que heredará el reino, despierta a su papá para que juegue con él. Pero Mufasa descansa, no quiere despertarse. Extrapolemos esta escena a un domingo de mañana de nuestras familias. Nadie quiere despertarse temprano, pero tu hijo, que sabe que le hiciste una promesa, te despierta y te pide que vayas a jugar con él.

Sarabi (madre de Simba) lo mira a Mufasa y le dice: "es hora de que hables con tu hijo". Me parece una escena clave de la vida de una persona. Mufasa la escucha, vence su pereza dominical y se va con Simba a caminar y a contarle una historia. No es cualquier historia, es la historia que el padre de Mufasa le contó a él, así traslada el legado a su hijo. No peca Mufasa de masculinidad tóxica, que sería decirle a Sarabi, "estoy cansado, durmiendo", "ahora no tengo tiempo", "háblale vos que es lo mismo", "no me digas lo que tengo que hacer". Cuando los varones estamos analfabetos emocionalmente, pecamos de "machos tóxicos", nos quedamos aislados, dormidos viendo la vida pasar. Pero Mufasa escucha a Sarabi, está atento porque en el fondo de su corazón sabe que tiene razón; es "la voz de la conciencia", como afirma Frankl, que le dice que debe escuchar y luego hablar.

Escuchar es el primer paso y luego hablar o pasar a la acción; no basta solo con escuchar. La escucha nos pone en el lugar del otro, nos permite conocer sus miedos y también sus capacidades. Pero hay momentos de la vida de nuestros hijos en los que el padre y la madre deben hablar. No podemos "ir de visita" por la vida de nuestros hijos, pasar de largo, condenarlos a la orfandad. Hablar con ellos es reafirmar nuestra paternidad, es decir, "yo estoy acá para ti". La palabra del padre y de la madre refuerza el vínculo y ayudan al hijo a poner en palabras lo que le pasa. Al no hablar de las emociones los alumnos no saben cómo comunicar sus sentimientos. Los docentes nos cuentan que muchos alumnos les dicen "Profe, lo sé pero no lo sé explicar"; no tienen vocabulario para transmitir lo que saben. De hecho, una psicoterapia basada en lo verbal ayuda a que la persona converse y le ponga nombre a lo que le pasa.

En la familia, el hijo ve cómo hablan los padres, cómo se saludan, qué palabras usan si se enojan, cómo se expresan si están contentos. Luego imita, que es la base emocional de la empatía. Imitamos a nuestros padres con las palabras que ellos usaron para expresarse y de esa manera va creciendo nuestro mundo emocional, al cual se le irán sumando, abuelos, tíos, hermanos, amigos, educadores. Estas palabras pasan a formar nuestro vocabulario y nos permite comunicarnos, expresar nuestro mundo afectivo y emocional.

Por lo tanto, este ejercicio de saber qué comunicar y cómo comunicarlo, nos enseña a percibir qué me pasa y captar lo que le pasa al otro (empatía). No solo será clave para la vida personal, los vínculos cotidianos que tejen nuestro sentido vital, sino también para cuando ese hijo crezca y esté buscando su lugar en el mundo laboral. Esta capacidad de comunicación será un elemento clave en toda organización, ya que siempre es fuente de malos entendidos. Es muy común escuchar "yo no quise decir eso", "me entendiste mal".

En la familia se educa emocionalmente, lo queramos o no; se educa en el silencio y en el ruido, en la palabra o en la ausencia de esta. Por eso cuando Sarabi le dice "es hora de que hables con tu hijo", yo les pregunto a las madres: "¿cuántas se ven identificadas en este gesto y estas palabras?". Muchas sin duda, porque hay un momento en que el otro debe aparecer. En esta época de "falta de la figura del padre" es muy importante que el rol del padre aparezca (estén separados o juntos, lo haga el hombre o la mujer) para nutrir y guiar al hijo. Y para que los padres aparezcan precisamos, muchas veces, de las "Sarabis" de la vida para reaccionar. Sarabi puede ser la esposa, la pareja, la madre, una amiga, tu psicólogo, alguien que nos dice lo que no queremos escuchar pero que en el fondo es lo que necesitamos. Se crece escuchando a los otros, los que nos dicen lo que no queremos escuchar. Escuchar al otro es escucharme a sí mismo.

Comunicación de los sentimientos

Le invito a responder estas preguntas.

- ¿Cómo es la comunicación en mi familia?
- ¿Somos de comunicar los sentimientos? ¿Nos cuesta hablar de lo que nos pasa, por qué?
- ¿Quién es Sarabi en mi vida? ¿Quién me ayuda a contactarme con mis sentimientos?
- ¿Quién me ayuda a tomar contacto con lo que debo hacer?
- ¿Quién es mi Nala? ¿Quién me ayuda a salir, cuando estoy en "hakuna matata"?

Liderazgo

Si encuentras al Buda en el camino, mátalo.

Proverbio zen atribuido al maestro Lin-Tsi (siglo IX)

Siguiendo el ejemplo de la película *El Rey León*, analicemos el liderazgo como una habilidad que nace en la familia y que se desarrolla en esta historia vital de Simba. Cómo ejerce Mufasa su liderazgo, cómo nace en Simba esa habilidad, qué capacidades se requieren para desarrollar un liderazgo sano. Podríamos decir que la adolescencia de Simba comienza en Hakuna Matata, el lugar sin tiempo, en el que no importa lo que pasó ni lo que pasará, se vive el momento, sin preocupaciones. Simba no quiere salir de allí o no puede.

Muchos jóvenes viven el instante, el tiempo presente, sin pasado ni futuro. Es nuestra tarea como padres y educadores, ayudarlos a salir de Hakuna Matata. Esta etapa, en la que prima el tiempo presente, se ha extendido; el joven queda atrapado en ella y clama por alguien que lo quiera de verdad, que se la juegue por él y lo invite a salir. Qué triste sería estar en un momento de vacío o depresión, aislados y que nadie nos venga a buscar, ni salga a nuestro encuentro. Es un acto fuerte, de amor firme, que hace que la persona reaccione. Cuando Nala (amiga de Simba) lo encuentra en Hakuna Matata, lo rezonga, diciéndole: "¡Sos el Rey!, y ¡estás vivo! Todo el mundo piensa que estás muerto". Se alegra de encontrarlo y le recuerda su misión. Pero Simba está deprimido, no quiere ser él, tiene miedo, no quiere retomar su misión. A pesar de la duda y del miedo, ya no puede retroceder, algo en su corazón le dice que debe responder.

A la vida se le responde con hechos. Si pasamos de largo por la vida de nuestros hijos, no nos daremos cuenta de su crecimiento y de su proceso vital. El amor implica firmeza, ternura, calidez, pero también incluye el enojo, la tristeza y demás emociones dolorosas, que forman el difícil arte de vivir amando. Nala le recuerda que está vivo y que una comunidad lo espera, que está vivo para él y para los otros. Por eso se trata de "hacer nacer de nuevo" lo que estaba reprimido o muerto.

Necesitamos del otro para encontrar nuestra misión.

El otro nos confronta. Por lo tanto, el arte de liderar (en la familia y en la docencia) pasa, en primer lugar, por la escucha y luego el hablar, como lo hacen Mufasa y Nala. También le rezongan, lo interpelan; un buen líder educa frustrando. No se puede educar sin frustrar como vimos anteriormente. Pero también un buen líder acompaña; Mufasa desde el fondo de su corazón, vive espiritualmente en Simba y Nala lo acompaña a volver y retomar su lugar en el "ciclo de la vida".

El líder que puede escuchar las emociones de los demás, puede ser empático con su dolor y ayudar a que el otro realice lo que está oculto en él; que haga realidad su potencial. Lo ayuda a que resignifique sus experiencia de pérdida, sus frustraciones, para que cambie de actitud. No es lo que nos pasa, repetía Viktor Frankl, sino lo que hacemos con lo que nos pasa. Aquí está la respuesta de Simba frente a su dolor. Si Simba se queda en Hakuna Matata, no actualiza su futuro, su proyecto queda trunco y oculto para sí mismo y para los demás.

Ayudar a hacer realidad las potencialidades del otro: escuchar, hablar, ser empático, confrontar ayudar a resignificar el dolor y al cambio de actitud.

El liderazgo se complementa cuando Simba escucha a Rafiki, quien le hace dialogar con su papá fallecido. Lo lleva a un lago, le muestra su reflejo y le ayuda a ver mejor, ver más allá de la imagen. Es entonces cuando Simba ve a su padre en su propio reflejo y mantiene con él un diálogo que termina con la recomendación: "Recuerda quien eres".

Hemos olvidado quiénes somos, de dónde venimos y hacia dónde vamos. Ese recordar le ayuda a Simba a pasar por su corazón su vida y a ser fiel a sí mismo. No basta que Nala le hable para que Simba reaccione, porque algunos dolores son tan profundos que no basta con una confrontación. Necesitamos una mayor movilización. Tiene que aparecer Rafiki, el mono de la tribu, que juega el papel de chamán, de profeta o terapeuta de Simba. Lo confronta y le dice "Tú tienes un dolor, puedes huir de él o aprender de él: ¿qué vas a hacer?". Es una figura que ilumina, no le dice lo que debe hacer, sino que lo confronta para que Simba decida, siempre desde la alegría. Es empático con su sufrimiento cuando le dice: "tú tienes un dolor", pero luego lo invita a la acción. Siempre hay que pasar a la acción, a los hechos concretos. Ninguna teoría cura a nadie, ni ninguna terapia es exitosa si al final no se acciona. Ya sabe que ha estado huyendo de su pasado, por eso le pregunta: "¿Qué vas a hacer?" Un buen psicólogo, maestro, guía, pregunta. El que da respuestas infantiliza al otro, lo deja como hijo dependiente. El que pregunta deja que el otro responda. Simba responde con su vida, decide volver al reino y tomar su lugar. Vuelve al inicio, donde todo comenzó.

Un buen maestro hace buenas preguntas, no da respuestas.

Si vuelve es porque pudo irse antes. Es importante como padres y educadores dejar que los hijos transgredan, darles permiso para que se enojen con nosotros, para que nos desafíen, para que hagan su camino. Solo el que se va, puede volver. Aquel que se queda, quizás le cueste enfrentar los desafíos del salir afuera y enfrentar los miedos.

141

Es preciso aceptar nuestra misión, la que nos toque jugar en la empresa, en la familia, no tener miedo a ejecutar nuestro rol con autoridad. El líder reconoce las capacidades de su liderado y le ayuda a que venza los miedos para ponerlas en juego. Eso es también un acto de amor, porque lo quiere, lo ayuda a que sea mejor persona. Aunque para eso debe involucrarse, comprometerse. No hay poder más fuerte que el sentir que alguien cree en ti y que cuentas con esa persona para llevar adelante tu camino, venciendo las inseguridades y los miedos. Nadie sigue a un pesimista, a un líder inseguro, dubitativo de su rol. Mientras Simba duda de sí mismo, de su potencialidad, de su capacidad, (de hecho no sabe quién es), no puede ser líder, no puede liderar su vida ni la de su comunidad. Cuando finalmente enfrenta sus dolores, retoma la fuerza de sus capacidades para dejar de ser víctima y ser protagonista de su vida.

La película desarrolla una metáfora sobre el sentido de la vida. Nos cuenta la búsqueda del sentido, que siempre está cargada de sudor, trabajo, esfuerzo y perseverancia. Muchas veces el sentido no aparece claro, se vislumbra a los lejos y otras veces no se lo ve. Muchas personas siguen adelante simplemente porque alguien cree en ellas y les ayuda a pasar por los momentos de tristeza, de soledad, de abatimiento. Siguen por la esperanza que las alienta a seguir.

Cuando Mufasa le plantea su misión a Simba, le dice lo que espera de él. Otra actitud de un buen líder, decir con claridad lo que se espera del otro. No hay un incentivo más poderoso que: "yo espero esto de ti"; genera esperanza, actitud resiliente y motivada. Es decirle "yo creo en ti". Luego Simba se rebela –necesariamente– contra lo que su padre espera de él para tomar su lugar de líder.

Esto es clave en el liderazgo de mi vida, de mi empresa, de mi escuela y de mi familia. Como padres, les enseñamos liderazgo a nuestros hijos cuando escuchamos, pero luego tomamos medidas. Les damos tareas concretas para hacer según su edad.

"Ahora puedes atarte solo los cordones. Ahora puedes comer solo. Ahora puedes tender tu cama y ordenar tu cuarto. Este año empiezas a venir sola en ómnibus de la escuela. Si nosotros no estamos, tú puedes hacer un arroz, ven que te enseño". El liderazgo refuerza la autoestima de la persona. Ser líder es tomar la vida en mis manos, en mis brazos, en mi corazón y poder decir: "Yo puedo". Si sigo llamando a mamá o a papá para todo (cordones, baño, comer, cortar la comida, andar en bicicleta), entonces me costará mucho crecer, cuando tenga, por ejemplo, un trabajo. Porque se crece gracias a las cualidades de empoderamiento, de rebeldía sana, de mostrar mis cualidades y mi potencial. Si solo sé obedecer órdenes, tendré trabajos en los que solo podré desarrollar una parte de mí pero no todo. Corro el riesgo de quedar librado a la suerte de dicho trabajo o a las cualidades de gestión que una empresa tenga.

¿Nunca se preguntaron por qué las empresas invierten tanto dinero en cursos de liderazgo? ¿No será síntoma de algo? Creo que un buen curso de liderazgo motiva, desafía, se desarrolla desde la casa, luego la escuela, el liceo y luego un buen jefe que amorosamente dice "ya te mostré cómo se hace, mañana vas vos solo". La persona se morirá de miedo, no dormirá en toda la noche, pero al otro día irá a dar lo mejor de sí. No condenemos a la gente a hacer "cursos de liderazgo" eternamente. Es como decir, "como tú no sabes hacerlo, te enseñaremos cómo". Finalmente, es otro curso de lo mismo. Después de todo, eso no es extraño ya que la gente ha renunciado a su rol. No quiere tomar la vida en sus manos y prefiere creer que él no es el experto con respecto a su propia vida, que el experto es el otro y se condena, sin saberlo, a ser un "púber eterno".

No afirmo que dichos cursos no sean necesarios, todo lo contrario. Solo pido una reflexión sobre cómo se hacen, qué contenido tienen y sobre cómo se evalúan. No podemos seguir "vendiendo experticia" a los demás. No nos hagamos más "trampas al solitario".

143

Recuerdo haber asistido a un congreso de psicología laboral en el que un psicólogo español, un capacitador de empresas sobre liderazgo, tenía un taller sobre el tema. Al inicio del taller les preguntó a los asistentes "¿qué es ser un líder?", pregunta frente a la cual no hubo respuesta. Entonces el hombre se quedó callado (el taller duraba cuatro horas) y luego dijo "Hasta que no me digan que ustedes saben qué es un líder, yo no hablo". Se generó un gran silencio en el auditorio. El curriculum del hombre impactaba, nadie se animaba a dar una respuesta. Incluso recuerdo que algunas personas se levantaron y se fueron. Luego el silencio pasó a ser incómodo y tenso. El hombre no se inmutaba. Pasaron fácil cuarenta minutos; me impactó tanto el coraje de este hombre que me quedé para ver qué pasaba. Finalmente, centró su exposición en ese silencio y en ese ejercicio.

Si nosotros no sabemos qué es ser líder, ¿cómo nos lo va a enseñar otro? o ¿cómo se lo vamos a transmitir a los demás? ¿Cómo se puede ser líder, si no se ha aplicado ese rol en la familia, escuela y empresa en particular? Este taller me marcó y me enseñó justamente lo que quiero reflejar en estas páginas: nosotros no sabemos que sabemos, pero lo intuimos. Necesitamos confiar en lo que sabemos para apropiarnos de nosotros mismos y del otro, sea nuestro hijo, nuestras maestras y alumnos, y nuestra vida en general.

Tom Peters, experto en temas de liderazgo, afirma: "Un buen líder genera líderes, un mal líder genera seguidores". Mufasa, como líder, hace que Simba sea un líder, no lo deja en el lugar de hijo, dependiente, seguidor sumiso e inseguro. Lo confronta para que tome su lugar. Por eso al inicio de este capítulo, el proverbio zen "Si encuentras al Buda en el camino, mátalo". Si encuentras al maestro, supéralo, ve más lejos de lo que fue él. De eso se trata, de reconocer los maestros que nos han enseñado para luego ser nosotros los maestros. Maestros de nosotros y del otro al mismo tiempo. No es primero yo y luego el otro, yo estoy en el otro. Lidero y me lidero al mismo tiempo que me lideran. Paradojas existenciales, ¿cómo voy a liderar si no acepto ser liderado o si

144

me rebelo cuando me quieren liderar? ¿Cómo voy a liderar si me enojo y rechazo la visión del otro? ¿Cómo voy a liderar cuando no escucho o no honro las palabras de mis maestros?

Nadie realiza su misión solo, pues no se puede llegar a vivenciar el sentido; el sentido siempre se encuentra acompañado. Liderar para el docente también pasará por incorporar estas cualidades de guiar, nutrir, indicar, hablar, escuchar, ser padre y madre del niño que tiene como alumno. Por supuesto que también pasará por incorporar a los padres, para que ellos retomen sus roles y si esto se da, el maestro podrá cumplir con el programa sin agregarle el estrés de tener que educarlo al mismo tiempo. Implica también honrar al director anterior, destacar su legado, aunque todo el mundo diga que su gestión fue mala; encontrar los aspectos positivos. Si el director de la escuela habla mal del director anterior, ¿cómo lo van a respetar a él?, ¿qué van a decir de su gestión mañana? Urgen cursos de liderazgo para directores de escuela.

Un buen líder genera líderes, no seguidores.

De víctimas a protagonistas

Ver la película *Forrest Gump* puede ayudar a desarrollar una dinámica para trabajar el liderazgo en familia, en la empresa o en la escuela y liceo. En esta época de "orfandad existencial", la gente va detrás del primer Forrest Gump que ve correr.

Después de ver la película, lo invito a responder estas preguntas.

- ¿Qué le pasa a Forrest de niño?
- ¿En qué me siento identificado?
- ¿Cuáles son mis capacidades? ¿Las reconozco y valoro? ¿Por qué?
- ¿Qué puedo hacer a pesar de mis "(dis)capacidades" visibles o invisibles?
- ¿Quién ayuda a Forrest a liderar su vida?
- ¿Cómo Forrest se convierte en líder?
- ¿Por qué siguen a Forrest cuando va corriendo por el mundo?
- ¿Queda claro para los que lo siguen qué misión y visión tiene Forrest?
- ¿Por qué quedan "huérfanos" cuando Forrest para y decide no correr más?
- ¿En qué aspectos de mi vida soy como Forrest Gump? ¿Soy como sus seguidores?
- Como seguidor, ¿detrás de qué o de quién corro? ¿Cuál es mi misión y visión en la vida, mi proyecto existencial?
- ¿A cuál líder político, social, religioso, admiro? ¿Por qué?
- ¿Cuáles de sus cualidades me gustaría tener?
- ¿En qué medida he desarrollado esas cualidades?
- ¿Qué puedo hacer para mejorarlas o profundizarlas?
- Como líder, ¿a quién lidero actualmente? ¿Cómo?

- ¿Qué parte de ser el líder me cuesta más?
- ¿En qué hechos concretos veo que mis hijos/alumnos desarrollan su liderazgo?

Si es director de una organización (escuela o empresa):
- ¿Cuál es la misión de esta institución en ese barrio y con estas personas (alumnos, maestros, empleados)?
- ¿Hacia dónde vamos? ¿Cuál es nuestra visión?
- ¿Señalo bien el camino? ¿Corren detrás de mí sin saber por qué y para qué?
- ¿Qué pasará mañana si yo no estoy, pueden seguir sin mí? ¿No creo (quiero) que puedan?

Motivación, ¿se puede motivar solo con dinero?

El siguiente tema es clave en la vida, en la escuela, en la empresa y en el trabajo. Claves para motivar desmotivados (sin desmotivarse). Porque motivar desmotivados puede desgastar y tirar abajo al padre o maestro más entusiasta. ¿Por qué la gente vive desmotivada? Hemos abordado, el problema de depresión, desconfianza, inseguridad, apatía, desinterés, desmotivación que atraviesa nuestro país. Jóvenes desmotivados, maestros cansados, directores agotados. ¿Cómo vamos a motivar desmotivados si nosotros los padres, los directores de escuela estamos fatigados? Primero debemos recuperar la motivación nosotros. La gente vive desmotivada, pero vive ¿o sobrevive? A diario escuchamos frases "motivadoras". ¿Cómo andás? Respuestas varias: "La vamos llevando"; "mal, pero acostumbrado"; "tirando para no aflojar"; "es lo que hay, valor"; "está todo inventado". Y seguro el lector recordará alguna frase más de este estilo. Tantas veces nos cruzamos con un amigo y frente a la misma pregunta nos responde: "Cómo querés que esté…".

Recuerdo una anécdota personal. Me encuentro con un amigo y me responde exactamente eso, "cómo querés que esté, ¿no viste mi estado en Facebook?". No, no lo vi. "Me ascendieron en el trabajo, me responde". "¡Te ascendieron!", respondo con entusiasmo, pero su cara me decía otra cosa, siguió contándome: "Lo hicieron para complicarme porque yo ahora no puedo…". Y siguió quejándose.

A veces nos cuesta desprendernos de las tristezas que nos frenan. "Lo que pasa es que no es lo mismo que antes", afirma la gente, refiriéndose a su trabajo, a su pareja, a su familia. ¡Claro que no!, no somos los mismos. Vamos madurando, vamos creciendo y crecer es adoptar cambios. Renunciando gentilmente a lo que pasó y aceptando con desafío lo que vendrá. Motivación implica trascender si tengo o no tengo ganas de hacer tal cosa. Nadie tiene ganas de levantarse un lunes de mañana, ganas de hacer los deberes, ganas de trabajar o de cocinar todo el tiempo y a toda hora. Muchos hábitos se forman para ayudarnos a ayudar a las ganas. Si me quedo acostado esperando que las ganas aparezcan para levantarme, cocinar, trabajar o tener relaciones sexuales, posiblemente las ganas no vendrán. Si me quedo esperando que el otro me llame, quedo dependiente del otro y a su vez si no me llama, quizás no me mueva.

Educar es ayudar a transcender las ganas. Las ganas son el lado animal que todos tenemos, están en la dimensión del *umwelt* al decir del psiquiatra suizo y pionero de la psicología existencial Ludwig Binswanger, el mundo ambiental de los instintos, el entorno, el medio ambiente. El animal solo puede vivir en ese mundo, pero el ser humano lo trasciende. Si queda tomado por el umwelt, quedará víctima de sus ganas o no ganas, y, posiblemente, las pierda.

¿Cómo podemos ayudar en este punto? Ayudamos formando en hábitos desde la infancia; hábitos para la higiene personal, para el sueño, para la alimentación, para el estudio. Esta formación en hábitos suele traer tensión y cierta firmeza (no agresividad) por parte de los padres y educadores para ayudar a que el hábito se forme en el niño. Son necesarias la paciencia y la perseverancia para que el niño aprenda a atarse los cordones o a bañarse solo en la ducha. Si no somos constantes y cedemos rápidamente al llamado ("no puedo", "no sale el agua"), no aprenderá a hacerlo solo o lo hará tardíamente y, mientras tanto, sumaremos estrés y fatiga.

La motivación y el amor por la vida

La motivación es la base existencial profunda por la cual uno transmite el amor por la vida. El poder vivenciar en familia esta base existencial de amor por la vida, saborear lo sencillo, valorar las capacidades de cada uno, permitirá que la persona venza el desgano de levantarse y luego, cuando esté en la escuela, pueda disfrutar de sus tareas cotidianas. Al final del día una sencilla conversación sobre lo vivido, ayudará a reforzar el sentido y valor del esfuerzo.

Daniel Pink es un autor referente en el mundo empresarial y experto en motivación. El video de su famosa charla TED, *The Puzzle of Motivation*, tuvo más de 3.650.000 reproducciones, reflejando el interés en este tema en particular. En esta presentación plantea brevemente la motivación intrínseca y sus secretos. No es fácil motivar a los jóvenes en el ámbito empresarial. Parecería que no hay "incentivo" que valga para mantenerlos motivados en su trabajo, logrando la permanencia en el mismo. Según Pink, los incentivos solo funcionan para las tareas mecánicas y repetitivas. En cambio, respecto a las tareas para las que se precisa ser creativo y estar concentrado, y que obligan a agudizar los sentidos, los incentivos no solo no mejoran la productividad sino que, contrariamente, la reducen. Esta tesis la plantea en su libro *La sorprendente verdad sobre que nos motiva*. El autor realizó un repaso sobre los estudios científicos vinculados al tema y descubrió que la creencia de que son los incentivos los que fomentan la productividad había sido ya desmentida por la ciencia. En distintos estudios citados en su libro se relatan diversas pruebas para medir la influencia de los incentivos en los que se comprobó que la expectativa de recompensa económica restó capacidad de concentración e impidió pensar de forma creativa.

En las organizaciones se cree muchas veces que recompensando solo con incentivos económicos (bonos, premios, comisiones) se consiguen mejores resultados. No obstante, parecería que cuando se recompensa únicamente de manera económica una tarea que requiere altas dosis de creatividad, el individuo se cierra, se bloquea su creatividad. Este hallazgo se vio reforzado por los resultados de otras investigaciones citadas por Pink, como la de Dan Ariely, autor de *Las trampas del deseo*. Ariely comenta pruebas que consistían en realizar juegos que requerían habilidad e imaginación y cuya resolución se recompensaba a través de estímulos económicos. ¿Cuál fue el resultado de estas pruebas? En las tareas que solo precisaban habilidades mecánicas, el resultado mejoraba según el incentivo económico. Mientras que aquellas que implicaban un desafío intelectual mayor los resultados eran peores. A mayor incentivo económico peor era el resultado. Dichas investigaciones fueron replicadas en otros países, confirmando estos mismos resultados. Esto llevó a Pink a centrar su trabajo en las motivaciones intrínsecas.

Podemos encontrar similitudes con el planteo de Ortega y Gasset en su artículo "Sobre el estudiar y el estudiante". Según Pink, lo que realmente hace que mejoremos nuestros resultados viene de adentro, lo que se llama motivación intrínseca, es decir, nuestro deseo de darle un sentido a nuestra vida, de mejorar el mundo y de ayudar a construir algo más allá de nuestra satisfacción personal. El famoso motivador "palo + zanahoria" que hacía que las personas obedecieran por miedo al castigo, ya no funciona. Hoy se busca el compromiso y no la obediencia ciega.

Pink destaca tres actitudes claves para que el profesional de hoy se sienta motivado. Todo líder, sea padre, educador o gerente tendría que tener en cuenta estas tres cualidades: autonomía, maestría y propósito. La autonomía es la capacidad de trabajar independientemente; la maestría es la capacidad de mejorar en su campo y el propósito es saber que su trabajo vale para algo, que su tarea en la organización sirve para ofrecer un producto significativo que mejora el mundo donde vive. Dejemos atrás el palo y la zanahoria en la familia, en la escuela y en la empresa. Si nos detenemos un minuto a pensar, el padre, la madre y los maestros podemos revisar nuestra manera de motivar a los alumnos e hijos. Muchas veces, por más que nos cueste admitirlo, estamos aplicando el viejo método "recompensa-castigo" para que se motive. Seguro que muchos usan el método del incentivo económico, 10 pesos para que tienda la cama, 20 pesos si el cuarto está ordenado y así vamos. No se debe incentivar solo con dinero. La persona se mueve (se motiva) por objetivos (propósitos) cuando se siente libre y responsable (tiene autonomía) y cuando puede crecer en lo que hace (maestría). Si a esto le sumamos reconocimiento y elogio por su trabajo, tendremos personas en comunidad y no "recursos humanos", tratando de sobrevivir en el trabajo que los asfixia.

Por supuesto que para que todo esto se dé, también debe estar la compensación económica justa y pertinente según la tarea. La persona debe saber que lo que la empresa le paga es justo, así lo económico queda fuera. Si aparece un premio inesperado, no es una recompensa por lo hecho. Estas investigaciones demuestran que no siempre se precisa una remuneración económica para trabajar por un proyecto que nos interese. El solo trabajar porque nos interesa ya es una motivación para poder sumarse. Por lo tanto, lo que este autor señala y nos parece clave resaltar es que la remuneración económica para motivar sirve solo para trabajos mecánicos, rutinarios y repetitivos. Es muy similar al planteo que hemos hecho sobre "convertir una persona en un recurso humano". Cada vez que lo "motivo" a que se vuelva monótono, lo despojo de su humanidad y lo trato solo como un recurso.

Por lo tanto, si queremos que nuestros hijos salgan motivados de casa y que nuestros alumnos den lo mejor en la escuela, debemos dejar de fomentar el palo y la zanahoria y encontrar la motivación intrínseca: el hecho de hacer las cosas por el simple hecho de hacerlas. Eso nos hace mejores personas, demostramos nuestro saber y podemos sumar al mundo que nos rodea.

De acuerdo a este enfoque, ¿cuál sería el riesgo de solo motivar extrínsecamente? Si motivo solo desde fuera, extingo la motivación intrínseca. Por eso hemos repetido la frase "Duchado y motivado se viene de casa": no esperen que les motive el director, el maestro, el jefe, el papá o la mamá. Hay gente que se ducha pero se olvida de motivarse, delega la motivación en el afuera. Si al salir de casa estoy esperando ser motivado, ya estoy condenado de antemano. Y lo más triste es esperar a que me den el palo y la zanahoria para moverme. ¿Perritos o personas? ¿Me explican la diferencia? Ni siquiera para los perritos vale solo la comida como motivación. Precisa también el abrazo, el gesto el cariño, el reconocimiento de que hay un vínculo. ¿Cuántas mascotas dejan de comer porque el dueño se ausentó unos días? Otro riesgo de motivar solamente en forma extrínseca es limitar el desempeño ya que la persona al llegar a su meta no necesita probar si puede hacer algo más. Termina por apagarse la creatividad y las habilidades de intercambio social ya que se favorece la competencia entre los compañeros que terminan desarrollando actitudes agresivas entre ellos. Y, finalmente, fomenta un enfoque muy a corto plazo, cuando, en realidad, el propósito implica ver más lejos y abrazar metas de largo aliento.

Duchado y motivado se sale de casa[7]

Le invito a que responda estas preguntas.
* ¿Qué me motiva para ir a la escuela/trabajo/empresa?
* ¿Qué me motiva para seguir adelante aún cuando estoy desganado?
* ¿Cómo me he sentido cuando mi padre, jefe o director me valora por lo que soy, por mi tarea, por mi desempeñó y por mi creatividad?
* ¿Cómo me siento si me valoran solo por lo que produzco?
* ¿A quién motivo yo?
* ¿Siento que alguien me desmotiva? ¿Quién? ¿Por qué?
* ¿Salgo de casa motivado o espero que me motiven de afuera?

7. "Duchado y motivado", Eva Collado Durán. Disponible en http://eva-colladoduran.blogspot.com.br/2013/01/duchado-y-motivado_14.html.

Trabajo en equipo

Trabajar en equipo también se aprende en familia. En toda familia, a medida que los hijos van creciendo, se van distribuyendo tareas según los gustos y la organización familiar. A unos les gusta más lavar que cocinar u ordenar. En general, se comienza por que cada hijo colabore con el orden de su mochila, su cuarto, su ropa. Si comparte el cuarto con otro hermano, o varios, será aún una oportunidad de aprendizaje mayor, aprendiendo a negociar por espacios y ejercitando la tolerancia a la frustración. Siempre hay un hermano más ordenado que otro, quejándose los más perfeccionistas de los otros. Luego, los padres van extrapolando dicha organización a la dinámica del hogar; crece así la capacidad de solidaridad y de trabajo en equipo. Si los padres llegan tarde del trabajo, dependiendo de las edades, alguno de los hermanos podrá realizar una u otra tarea (preparando la comida, prendiendo el horno para que cuando lleguen los padres se pueda cenar juntos o lavar).

Por supuesto que la mejor manera de aprender muchas de estas tareas es con el ejemplo. Si los hijos ven que los adultos se encargan con amor y alegría de las tareas que hay que hacer (más allá del cansancio natural del que hemos hablado), mañana ellos mismos tomarán esas riendas y participarán de las actividades.

Muchos padres trabajan actualmente en sus casas, lo cual obliga a tener una mayor organización. Esto ayuda a que los padres estén más presentes y los obliga a distribuir también las tareas no solo del hogar sino del trabajo. En suma, el trabajo en equipo se capta en la dinámica familiar cuando vemos que todos somos útiles y necesarios, cuando se valoran las capacidades y habilidades de adultos e hijos en las diversas tareas que hay para hacer. Cuando nos complementamos, si alguien falta, otro estará para suplirlo en su tarea, aunque no le guste hacerlo. Todo esto "templa el carácter", como se decía antes, y va ayudando al niño a desarrollar la empatía, la tolerancia, la capacidad de valorar al otro, de ser proactivo, de saber para qué somos buenos y en qué debemos mejorar.

La situación de sobreprotección parental que he expuesto anula las capacidades propias de desarrollo y evita que los hijos crezcan en autonomía y autoconfianza. Los padres debemos apoyar en este punto, sabiendo que no lo harán como nosotros, lo harán a su manera, que habrá platos que se romperán y comida que se quemará. Pero lo mismo nos pasó a nosotros, no anulemos la capacidad de aprender de cada uno. Cuando sea el momento de vivir experiencias, como campamentos, viajes, y trabajos, estas capacidades sin querer, ya estarán entrenadas y tendremos personas que se ofrecerán voluntariamente para cocinar, para un trabajo que quedó atrás, para quedarse hasta tarde trabajando si eso ayuda al propósito. El trabajo en equipo nos recuerda que somos parte de una comunidad y que el sentido de la vida se respira en cada familia, en cada escuela y en cada lugar de trabajo. No es necesario hablar del sentido cuando este se vive y fluye. La cuestión del sentido aparece casi siempre cuando se perdió o cuando se está perdiendo. El valor, cuando se vive, nos lleva, nos atrae y nos motiva. Saber que alguien espera algo de nosotros, nos sirve de motivación para sentirnos importantes y para sentir que sin el otro no es lo mismo.

Muchas veces en los cursos para docentes, cuando digo que el docente debe entrar optimista al aula y que no tiene derecho a entrar pesimista, muchas veces me detengo en este punto y les pido coraje para hospedar al compañero que pidió una licencia por enfermedad. Quizás su depresión o *burnout* fue la única manera que tuvo su alma para decir: "paren el mundo que me quiero bajar". Entonces, reflexionamos sobre qué lindo sería para ese compañero que está de licencia y tratando de juntar fuerzas para volver, que un colega lo llame o le mande un mensaje y le diga. "Fulano, te estamos esperando, cuando quieras y puedas sabes que estamos acá. Porque no es lo mismo la sala de profesores sin ti". No es lo mismo la familia sin el otro, no es lo mismo el trabajo sin un compañero. Porque el ser humano va moldeando su mundo, lo vamos transformando y para eso todos somos necesarios.

Ubuntu[8], soy porque nosotros somos

Le invito a responder estas preguntas.
- ¿Qué vivencias tengo de la vida en familia?
- ¿Qué tareas tenía que hacer cuando era niño/a?
- ¿Qué tareas hacen en casa mis hijos?
- ¿Qué podemos inventar para ser creativos y trabajar en equipo con alegría?
- ¿Qué cualidades de mis hijos en casa veo que le son útiles en la escuela?

8. Ubuntu es un término perteneciente a las lenguas nguni habladas en el sur de África. Suele traducirse como "bondad humana", aunque significa literalmente "humanidad", referida esta como la capacidad de ser humano. También es interpretado, en un sentido filosófico, como la creencia en la existencia de un vínculo universal que conecta a todos los seres humanos.

Cuidar las cuatro dimensiones de la persona

Cada cosa tiene un color. Cada emoción tiene un color. El silencio es blanco. De hecho, el blanco es un color que no soporto: no tiene límites. Pasar una noche en blanco, quedarse en blanco, tener el pelo blanco... Es más, el blanco ni siquiera es un color, como el silencio. No es nada. Una nada sin palabras o sin música. En silencio: en blanco. No sé quedarme en silencio o solo, que viene a ser lo mismo...

Alessandro D'Avenia

La vida, nos enseña Jung, se mueve siempre entre opuestos: frío-calor, día-noche, sueño-vigilia, sol-luna, felicidad-sufrimiento. Para poder seguir, hay que parar y para parar, hay que incorporar los opuestos. Hoy día escuchamos mucho la frase "ponéte las pilas". Nos lo decimos a nosotros, se lo decimos a nuestros hijos, a nuestros alumnos, amigos, compañeros de trabajo. Para que se mueva, para que se active. Pero no se puede seguir sin parar. Al polo "trabajo" debemos sumarle "descanso". No solo en las vacaciones de verano, sino en nuestra cotidianidad, debemos tener incorporado espacios de descanso. Muchas escuelas, centros educativos y empresas incorporan retiros y cursos de "nutrición saludable" o "yoga en la empresa". Porque es necesario parar para seguir, es necesario respirar, tomar aire profundo, oxigenar nuestro cerebro, oxigenar nuestra vida; que entre aire nuevo que nos refresque. El agua estancada se pudre. Si usted tiene una piscina, grande o pequeña, sabe que hay que oxigenarla o moverla para que corra el agua y así entre el oxígeno. Las llamadas "vacaciones" son una invitación a parar. Esta palabra viene del vocablo latino *vacatio*, es un "tiempo de vaciamiento". Es el momento oportuno de vaciar lo que está lleno. El problema es que cuando vaciamos, justamente aparece el vacío y entonces se nos complica. Nos encontramos con dos tipos de vacío. Uno es el vacío fértil, el de la pasividad, el de aprender a ser sin hacer, el silencio, la contemplación, hacernos tiempo para perder el tiempo. En este vacío no hay que hacer nada sino permitirse ser sin hacer, permitirse encontrarse con el ser. El verdadero desafío es aprender a ser. Darnos permiso para ser testigos de la vida y de lo que acontece a nuestro alrededor, plantas, personas, un libro que espera ser leído. Cuando nos damos este espacio, incluso para aburrirnos, en una época en que todo tiene que ser divertido, nos conectamos con ese vacío fértil. Del aburrimiento sale la creatividad, lo nuevo, la fertilidad necesaria para que germine lo nuevo.

El otro vacío es el que Frankl, como Sartre y Camus llaman el "vacío existencial". Este vacío nos hace ruido, nos ensordece porque no queremos escucharlo. En este vacío nace la pregunta: ¿estás haciendo lo que tu alma te pide?, ¿para qué haces lo que haces?, ¿cuán lejos estás de tus sueños y aspiraciones?

Creo que este tiempo de vacío es una oportunidad para elegir con quién estar, elegir qué hacer y con quién ser. Uno se lleva a sí mismo a todos lados a donde va. Lejos de depositar la felicidad en el lugar de paseo, es importante valorar los vínculos y los espacios que construimos con otros. El vacío fértil es hospedaje de sentido; el existencial es agotador e insoportable. Y si no estamos atentos, intentaremos tapar este vacío con la adrenalina de moda. Las llamadas endorfinas, las hormonas de la felicidad, se segregan cuando estamos bien, nos sentimos mejor. Nuestro cuerpo las produce como consecuencia de ser feliz y estar en armonía en el mundo.

El éxito no es acumular bienes; el éxito es tener paz en el alma.

El mundo nos lleva a vivir en permanente tensión; al relajarnos no sabemos qué hacer o nuestro cuerpo y alma no están acostumbrados a desintoxicarse. El organismo precisa descanso, precisa dejar de excitarse y dejar de desear permanentemente. Cuando no escuchamos estos mensajes, el cuerpo responde con ansiedad, fatigas, úlceras, infartos.

Así que repasemos las cuatro dimensiones de la persona, según la logoterapia: la dimensión biológica, la psicológica, la social y la existencial. Veamos brevemente lo que podemos hacer para cuidar cada dimensión.

Dimensión biológica

Estamos refiriéndonos al ejercicio, el sueño, la alimentación, la meditación. Todos sabemos que últimamente ha aparecido mucha literatura que plantea la alimentación como medicina. "El cuerpo es el alma y el alma es el cuerpo". La gente procura curarse por métodos naturales que suelen ser complementarios a lo tradicional. Se plantean diversos métodos de desintoxicación. Hace pocos años apareció en nuestro país el Método Clean del Dr. Alejandro Junger, cardiólogo uruguayo, radicado hace años en Estados Unidos. En dicho libro, Junger cuenta su historia de vida y cómo hizo para llegar a plantear un método de desintoxicación para que el cuerpo se cure y se restaure. Cito este ejemplo porque es un aporte valioso para nuestra comunidad. En cuanto salió el libro, leí, investigué, me puse en contacto con el autor y luego comencé un proceso de desintoxicación por veintiún días. Ya es el quinto año que lo hago y cada vez me siento mejor y veo su efecto positivo en mi cuerpo y en mi psiquis. Esto confirmó la intuición de que no nos curamos "solo con medicamentos" o "solo con psicólogo" o "solo haciendo ejercicio". Para cuidarnos precisamos restaurar todas las dimensiones de la persona y la dimensión corporal suele ser la que más descuidamos.

En su obra Junger relata la importancia del "segundo cerebro". Nuestro psiquismo está influido directamente por el "sistema nervioso entérico", el que se encarga de regular el sistema gastrointestinal. En este sistema se encuentran los mismos neurotransmisores que en el cerebro craneal. En las mucosas del sistema digestivo se produce el 95% de la serotonina y el 50% de la dopamina del cuerpo. Es por esto que han surgido varios estudios que vinculan nuestras emociones –ansiedad, depresión, anhedonia, irritación– con la salud intestinal. Esto es lo que motiva el surgimiento, entre otros descubrimientos y retomando "sabidurías de los abuelos", de diferentes métodos para desintoxicar el intestino. De esta manera, se logra que la persona complemente su terapia, limpiando su intestino y logrando así mejor concentración, más energía y entusiasmo. Esto quiere decir que si limpiamos nuestro intestino, estaremos ayudando a que nuestro propio cuerpo genere la serotonina que precisa para sentirse mejor. Este segundo cerebro es el de las emociones: es muy común escuchar que la gente dice "Conocí al esposo de fulana y me cayó mal", "al profe de historia, no lo paso, no lo trago", "estoy enamorado, siento cosquillas en la panza." Ahí está el segundo cerebro en pleno, manifestando sus emociones.

Así como cuidamos la alimentación, también es importante cuidar nuestro cuerpo haciendo ejercicio, respetando las horas de sueño y tomándonos tiempo para meditar, y respirar. Hemos hablado de "respirar" como una metáfora para que nos vuelva el alma al cuerpo, pero ahora lo planteamos literalmente. Hacerse tiempo para meditar, aprender a respirar, nos ayuda a oxigenar nuestro cerebro, a eliminar pensamientos tóxicos y a estar en paz con nosotros y con el mundo.

Dimensiones psicológica y social

Solo abordaremos algunas características de estas dimensiones que, como es sabido, son muy amplias. Nos centraremos en las dificultades que observamos, como concentrarse, recordar, prestar atención, establecer vínculos. Para poder cuidar de nosotros mismos y poder cuidar a los que cuidan.

Para cuidar la dimensión psicológica los remito al apartado Vivir una semana sin celular, donde planteo salir de lo digital para encontrarnos con nuestros afectos. Cuidar nuestra psiche (alma) es estar en el tiempo presente. Cuando estoy en casa, estoy en casa; cuando llego al trabajo, estoy en el trabajo. No estar en casa pensando en el trabajo y luego estar en el trabajo pensando en lo que debería estar haciendo en mi casa. Viviendo así nunca estoy donde realmente estoy o estoy "a medias" en todos lados. Cuidarnos del exceso de pantallas: celular, tableta, notebook, TV. Cuidar nuestros vínculos. Nosotros decidimos si vivimos un tiempo de auténtico vacío, de fertilizar vínculos, de tener proyectos o bien si vivimos un tiempo de temor al vacío y de huir en la adrenalítica carrera sin sentido hacia ningún lado. El ser humano, afirma Frankl, es libre para decidir cambiar de actitud, es libre para hacerse responsable de su vida. Nosotros somos tiempo, por eso en vez de "matarnos trabajando", como solemos decir, sería bueno "trabajar para vivir" y para poder descansar. Aprender a sacarnos las pilas, sin recargas, para poder cargarnos con la energía sana de los vínculos nuevos, de esa voz interior que nos pide un nuevo sentido de vida. Si descuido al otro, me descuido a mí mismo. Cuidar los vínculos, es saber que somos seres sociales que precisamos al otro.

Dimensión existencial

Esta dimensión incluye nuestro proyecto de vida, individual, de pareja, de familia, de la escuela. El proyecto es el para qué, el motivo que nos impulsa, es el camino hacia dónde vamos. Las personas sin proyectos se deprimen, terminan sin curiosidad por lo que la vida les depara.

Viktor Frankl, en su libro *El hombre en busca de sentido*, relata las vivencias en un campo de concentración y cómo ayudo sobrevivir a los prisioneros el saber que un amigo, un hijo o una tarea los esperaba. La persona puede mantener su salud mental y seguir vivo cuando hay al menos una persona que espera algo de él y que lo espera. El sentido no solo es el proyecto, hacia dónde vamos, sino los vínculos que construimos cada día. Frankl encuentra tres rutas para descubrir el sentido. Estas rutas se basan en valores vivenciales (amor), valores creativos (trabajo) y valores de actitud (sufrimiento). Cada día que nos despertamos y nos damos cuenta de que estamos vivos, ya podemos encontrar sentido, luego me doy cuenta de que tengo dones y talentos que desarrollar en mi tarea cotidiana, mi oficio o mi profesión, lo que configura la segunda ruta de sentido. Pero si no puedo ni amar ni trabajar, afirma Frankl, me queda la última ruta, que es la actitud a adoptar frente a un destino que no puedo cambiar.

El sentido de la vida, siempre incluye al otro, a la comunidad a la familia y a nuestras organizaciones. El sentido pleno de cada día vivido es la vivencia de estos valores que nos permiten celebrar la vida a cada paso que damos.

Cuando no sabemos para qué vivimos, para qué estamos en el mundo, ni cuál es la tarea que se espera de nosotros, podemos sufrir lo que se llama "vacío existencial", que es el sufrimiento de aquella alma que no ha descubierto el para qué o el sentido de su vida. El sentido se teje y se realiza en nuestros actos cotidianos, es una actitud vital frente a lo que la vida nos depara.

Cuidando a los que cuidan. Cómo estoy en cada dimensión y qué debo hacer para cambiar

Le invito a que evalúe las cuatro dimensiones de su persona utilizando una escala del 0 al 5, donde 0 es malo y 5 es muy bueno.

- Dimensión biológica. Alimentación, sueño, ejercicio, meditación.
- Dimensión psicológica. Concentración, memoria, atención: leer y escribir, evitar exceso de pantallas, vivir una semana sin celular.
- Dimensión social. Vínculos: reír, jugar, bailar, cantar, socializar, divertirse. Actitud optimista.
- Dimensión existencial. Misión, legado, voluntariado, proyectos, espiritualidad, sentido de vida.

Una vez realizada la autoevaluación, identifique qué es lo que debe mejorar en cada dimensión.

Por ejemplo, respecto a la dimensión biológica. Primero, me pregunto ¿en qué medida estoy comiendo sano, haciendo ejercicio? ¿Cómo son mis horas de sueño?, etc. Después, me califico del 0 al 5. Y, luego me propongo para la semana próxima realizar un cambio.

El tiempo con los abuelos

> El objetivo de la educación no es, pues, el de celebrar ni divertir al niño, sino el de rescatarlo de la agitación de la sociedad para ponerlo en posesión de su herencia, asegurando las condiciones para que ella pueda ser recibida y, sobre todo, transformada.
>
> Guillermo Jaim Etcheverry

Cuando hablamos de abuelos, nos referimos a los abuelos de sangre, abuelos adoptivos, tíos o adultos mayores significativos en la vida de nuestros hijos o alumnos. Es cada vez más difícil encontrar en la mesa de reunión familiar al abuelo, los padres y nietos juntos, quizás algún fin de semana. Parece haber un distanciamiento entre las generaciones y el problema, señala Jaim Etcheverry, es que desaparezca el lazo que las une. Se establece aquí un doble riesgo, que los mayores crean que no hay nada que puedan enseñar a los jóvenes y que estos crean que los mayores no saben nada y que no entienden el modo actual de vivir. Si esto se afirma, sería un doble aislamiento entre "jóvenes" y "mayores", cada uno viviendo en su mundo.

El mundo tecnológico actual parece decirle al joven que si sabe manejar estas herramientas, podrá vivir y trabajar desde su casa y dominar el mundo laboral. Esto trae aparejado el riesgo de no precisar de los demás para vivir o convivir, de aislarse en el "teletrabajo", perdiendo la capacidad de empatía, de trabajo en equipo, entre otras cualidades humanas. Parece que el boom tecnológico nos ha convencido a todos (educadores incluidos) que basta con manejar las apps correctas para vivir y que si el joven domina eso, todo lo demás vendrá por sí solo. Creo que el riesgo de esta postura es, más allá de "idolatrar" la técnica por encima de la persona, la actitud de soberbia y autosuficiencia que genera en los jóvenes en esta etapa evolutiva. Los deja vulnerables frente a los "mercaderes" de turno que aprovecharán esta soberbia para vender la última versión y se preocuparán poco por su desarrollo como personas.

Los abuelos tienen otro ritmo; ya vivieron quizás apurados la primera etapa de su vida y ahora caminan más despacio, porque valoran más el tiempo, el espacio, la naturaleza, el ritmo de la vida. El abuelo tiene tiempo para escuchar al nieto cuando se queda a dormir en su casa o para contarle una historia o repetirla varias veces, no está estresado.

El hecho de que seamos "recursos" para la humanidad convierte al joven en presa fácil de una sociedad necesitada de técnicos que vivan el ahora. Con el riesgo de quedarse víctimas del impulso inmediato, divirtiéndose y dejando que el placer domine su vida. La juventud, el placer, el impulso, todo eso está bien y es lindo vivirlo en todas las etapas de la vida; es una parte fundamental de la adolescencia y juventud. Pero el error es confundir esta parte con el todo. Y, aún más, quedarse en esta etapa para no crecer, para no evolucionar como persona.

Si el joven continúa en esta racha entusiasta, de solo mirar su autosatisfacción personal, el otro no aparecerá nunca. Y los primeros "otros" están dentro del círculo familiar y educativo. Vivir para "satisfacer" el impulso, es sobrevivir; no es vivir en plenitud. Si solamente nos regimos por el principio de placer, quedamos víctimas de nuestro lado instintivo que todo lo devora y todo lo consume. Todo se vuelve bien de consumo: ideas, fotos, momentos. Se vive la vida como un gran *selfie* (autorretrato), falta la foto del abuelo, que implica el legado de tradiciones, la sabiduría de los mayores, el hilo conductor a través del cual todos estamos conectados. Venimos de ahí y hacia ahí vamos. Mañana nos tocará a nosotros seguir guiando y orientando. Se trata no solo de educar a nuestros hijos para que sean hijos, sino para que sean padres en el futuro, padres de personas, de proyectos, de seguir generando vida.

Necesitamos que el otro reaparezca, redescubrir a los otros para saborear la vida y su sentido. Estos cambios vitales que han pasado en muy pocos años, nos alejan del otro y por lo tanto de nosotros mismos. Mi yo es siempre yo-tú, me habitan personas desde que nazco; ese yo está lleno de las personas que me formaron. Sería muy bueno para los jóvenes, tanto en la familia como en la escuela y liceo, integrar el legado de los adultos y de los adultos mayores. La cultura en la que vivimos no nació el día en que nacimos nosotros o en que nació nuestro hijo o nuestros abuelos. Somos hijos y nietos de una historia cargada de sentido, de frustraciones y de logros que otros forjaron. No condenemos la cultura actual a no saber de dónde viene. Quien no sabe de dónde viene, ¿cómo puede conocer su futuro?

Quizás una de las aristas de la que partir para restaurar la alianza entre todos nosotros los educadores, sea volver a unir el tejido social que se ha desmembrado, unir las generaciones desde la familia hasta los centros educativos y los espacios laborales. Si los jóvenes tienen el "futuro por delante", ¿los veteranos "ya no tienen futuro"? En realidad, todos tenemos futuro cuando hacemos del presente un lugar donde se parte del pasado que nos une y nos proyecta. Ya lo decía Ludwig Binswanger: "Lo que desde Freud se ha llamado transferencia, es bajo un punto de vista analítico-existencial, una clase de encuentro. Porque encuentro es ser-con-otros en presencia genuina, es decir, en el presente que está en continuidad absoluta con el pasado y que lleva en germen las posibilidades de un futuro".

Lo que precisa nuestra sociedad es el encuentro entre los que piensan diferente, unirnos como personas, rescatar nuestra historia, nuestro bagaje cultural y afectivo, y poder pasar el legado con amor y humildad. Claro está que para esto, el joven también debería estar dispuesto a tomar la posta y continuar con el proceso de amar y dejar.

Encontrar a los jóvenes con los veteranos, achicar esta brecha intergeneracional parece ser una tarea de estos tiempos que corren.

167

Aislando al joven, perdemos la posibilidad de nutrirnos de la fuerza, la rebeldía, la creatividad que este le imprime al mundo. Si aislamos a los veteranos, cercenamos la sabiduría, la paz, la tranquilidad, las historias vividas, el acervo familiar y cultural que se esconde en nuestros abuelos y cuya misión es pasar de generación en generación.

Tendremos futuro si sabemos convocar a los jóvenes y escuchar a los veteranos. Si sabemos nutrirnos de la fuerza de cada etapa vital. Si nos aislamos, el futuro será condenarnos a un eterno presente y a una instantaneidad autocomplaciente. Muchos pedagogos han insistido en que se trataría de una "eutanasia cultural", el que descartemos a los veteranos de la vida social. Dicha expresión alude al encierro, aislamiento y muerte cultural de una persona que no es escuchada ni valorada en su aporte. Cuando decimos que tenemos una "sociedad envejecida", se lo dice con pena y con lástima, cuando bien podría ser una expresión de una sociedad con mucho para dar y mucho para ofrecer desde otro lugar.

Los jóvenes pueden y deben apropiarse y hacer su mundo, pero dicho mundo debe incorporar la herencia cultural, familiar y educativa que traen las generaciones que los preceden. No se debe dejar solos a los jóvenes, aunque se crean que pueden, ni dejar solos a los veteranos, que se aislarán y se deprimirán. No en vano en Uruguay las cifras de intentos de suicidios diarios en adultos mayores son alarmantes.

Si parte de la crisis educativa está en hacer "oídos sordos" entre padres y escuela, así como entre jóvenes y viejos, parte de la solución estará en generar puentes de diálogo, encuentros plenos de sentido para mirarnos primero y escucharnos después. El adulto debe salir del cómodo convencimiento de que no tiene nada que decir a los jóvenes, a sus hijos. Hacerse cargo y responder. Y los jóvenes tendrán que dejar la apatía y el desinterés porque "nadie nos enseñará algo nuevo". El mundo lo vamos haciendo entre todos, no es una cosa ya hecha y terminada. Igual que la persona, vamos configurando el mundo, según nuestros amores y desamores, según nuestros diálogos y nuestras sorderas, según nuestra escucha, nuestros silencios y humildad. Humildad del joven para aceptar que no lo sabe todo y humildad del veterano para aceptar con sabiduría el pasaje del tiempo y poder dar su testimonio de vida desde otro lugar. Sin duda que el sentido de la vida pasará por incorporar la sabiduría de los abuelos en nuestras decisiones cotidianas y confiar en que nuestros hijos sabrán decidir lo mejor para ellos.

Encuentro es ser-con-otros en presencia genuina, es decir, un presente que mantiene una continuidad absoluta con el pasado y que lleva el germen del futuro.

Mis maestros

Le invito a responder estas preguntas.

¿Quiénes son mis maestros más significativos? ¿Por qué?

- En mi familia…
- En la escuela…
- En el liceo…
- En la vida…

Haga una lista con los nombres y luego anote qué le enseñó cada uno.

- ¿Qué palabras significativas recuerdo que me dijeron?
- ¿Cuál es legado que dejaron en mí, en mi familia, en la escuela?
- ¿Cuál es el legado que el abuelo/a dejó en la familia?
- ¿Cuál es el legado que el director/a anterior dejó en la escuela?
- ¿Cuál es el legado que mi maestro/a dejó en mi vida?
- ¿En qué siento actualmente que estoy contribuyendo a mantener vivo ese legado?
- ¿Qué acciones concretas puedo hacer para "avivar" el legado y que continúe en los demás?
- ¿Cuál es el legado que yo estoy dejando a mi familia, escuela, sociedad?
- ¿Qué destaco de la energía de los jóvenes?
- ¿En qué me ayuda a vivir la rebeldía sana de la juventud?
- ¿Por qué me cuesta ser creativo, imprimir espontaneidad a mi vida?

Vivir una semana sin celular

En Alemania, en la escuela Waldorf de Braunschweig, se realizó un experimento que proponía a un grupo de adolescentes estar una semana sin celular. Los chicos confesaron que era la primera vez que iban a estar sin celular y que, por lo tanto, les generaba ansiedad. Al finalizar la experiencia, admitieron que la vivencia había resultado relajante. Ellos mismos afirmaron que las primeras cuarenta y ocho horas sin su celular resultaron angustiantes, pero luego se dieron cuenta de que parecía que el día tenía más horas, hasta se relajaron.

Estos niños, como los nuestros, tienen celular desde los 9 o 10 años (esto es aproximado, algunos lo tienen antes). Tienen casi ocho años de andar con su celular a cuestas, como un miembro más del cuerpo. Los adolescentes no se atreven a ir a algún lugar sin su celular; chequean constantemente si recibieron algún SMS, mail o WhatsApp nuevo. El adolescente no deja el celular porque teme quedarse solo, aislado, no enterarse de lo que está pasando en el mundo virtual. Pero estar conectado no es estar comunicado.

En dicho colegio, el experimento fue voluntario, así que se hizo un llamado para ver quiénes querían participar. Luego de tener el grupo armado, se los preparó durante dos semanas previas. Coaching para vivir una semana sin celular, se podría llamar este experimento. Los chicos debieron aprenderse de memoria el número de teléfono de la casa y del trabajo de sus padres. Sabemos que hoy día, estos simples ejercicios de memoria no se realizan, ya que todo está grabado en la "memoria del celular". Luego se trabajó con los docentes para que les mandaran los deberes y ejercicios por el cuaderno y no vía web. Es muy interesante leer la investigación y ver cómo los adolescentes descubrieron los libros. Encontraron textos diferentes de otros y se dieron cuenta de que es muy distinto investigar sin "recortar y pegar" de Google. En la red uno siempre acaba con respuestas, en cambio los libros nos dejan investigar, buscar, seleccionar. Y cada alumno encuentra y selecciona según su subjetividad. Con Google, casi todos los alumnos vienen con las mismas respuestas. Se pierde lo individual, el recorte propio del aprendizaje según la subjetividad de cada uno.

Lo más traumático de este experimento fue el momento en que debieron separarse de los celulares. Imagino la escena, casi como la de Tom Hanks en la película *Náufrago* cuando debe separarse de Wilson (la pelota), su fiel amiga durante su estadía en la isla, una metáfora cruel de esta realidad actual. El celular nos mantiene a adultos y adolescentes aislados, conectados con miles de personas y no comunicándonos con nadie.

Esto me recordó una escena de la que fui testigo en el Liceo Jubilar en Montevideo (luego la observé en otros centros educativos): los chicos van dejando su celular al adscripto antes de entrar a clase. Por más que algunos recomiendan que el propio adolescente se "autoregule" en el uso de su celular, otros profesionales vemos que eso ya no es posible y que no implica falta de capacidad, sino el aceptar que la herramienta los maneja a ellos. Esta simple práctica cotidiana en nuestros centros educativos podría aportar el detalle formativo en la "tolerancia a la frustración", "entrenamiento en la desconexión", aumentando la capacidad de concentración y disminuyendo la ansiedad. Incluso los profesores universitarios se quejan de la dificultad para dar clase cuando los chicos están concentrados en otra cosa.

Volviendo al experimento, según los cuestionarios que tuvieron que completar luego de la semana sin celular, lo que más extrañaron los adolescentes fue el WhatsApp y la posibilidad de escuchar música en la parada del ómnibus. Por primera vez se dieron cuenta de que viajaban con vecinos que iban al mismo centro educativo que ellos. También descubrieron que tuvieron más tiempo para conversar en casa con los demás integrantes de la familia.

Prestemos atención a estos dos descubrimientos: primero, percatarse de que otros compañeros de liceo viajan en el mismo ómnibus. Cuando uno cree que el mundo de la ciencia ficción es el futuro, esto nos demuestra que ya lo estamos viviendo. Las personas viajan sin darse cuenta de quiénes van a su lado. En segundo lugar, valoran que tienen más tiempo y que pueden usarlo para conversar en familia. Como ya lo hemos afirmado en otro apartado de este libro, esta "conversación en familia" es muy formativa y psicoeducativa, entrena a la persona en habilidades sociales, nos ayuda a comprender tanto las emociones de los demás como las nuestras, facilita la empatía y previene adicciones y depresión. Nos da, fundamentalmente, un sentido de pertenencia, la sensación de que mi familia me sostiene y me cuida.

Sin embargo, esta investigación, aclara que una vez culminada la semana "sin celular" los adolescentes tomaron con alegría y ansiedad su celular. Está claro que les dio tranquilidad saber que podían vivir una semana sin este, sabiendo que al término de la misma lo iban a recuperar. La semana "sin celular" debe ser como los "escritos sorpresa" que nos ponían los profesores en el liceo, se planifica en el consejo directivo y luego se implementa con la complicidad de padres y docentes. En distinto tipo de instituciones, invito a padres y docentes a hacer esta "semana sin celular". Me parece una idea a imitar o tomarla como inspiración y que, sin duda, será una muy buena vivencia de desconexión, explicándole a los adolescentes voluntarios los objetivos.

Quizás se pueda empezar probando un día a la semana, por horas. Para ir viendo luego la capacidad de manejo de la desconexión. Con mis alumnos de facultad he inventado el sistema de "una dosis cada hora". Así, están una hora concentrados sin problema y luego tienen "un minuto para dosis de celular": chequean correos, mandan mensajes, para nuevamente concentrarse. Si cada centro educativo logra repetir este experimento, involucrando a docentes y padres, se pueden trabajar varios temas en forma transversal. Comunicación entre padres e hijos, manejo de la frustración, concentración y distracción, aprender a manejar el tiempo, intereses en común, manejo del tiempo libre, vivencias de compartir en grupo, relajación y alivio de tensiones.

Sin duda me parece que debemos incorporar "hechos" que eduquen por sí mismos. Sabemos que a los adolescentes no les gusta mucho que les hablen (igual hay que hablarles aunque parezca que no escuchan), pero si le sumamos un tema con el que se sientan involucrados, participando y tengan que elaborar sus conclusiones, sin duda será beneficioso para todos.

He aplicado esta idea con los adultos, tanto en empresas como en instituciones educativas, pidiéndoles a todos que dejen el celular al inicio de la charla. No pido que lo apaguen ni que lo pongan en vibrador. Directamente se los "confisco" y los ponemos en una caja en el piso, mientras transcurre un taller de dos, tres o cuatro horas. Al principio me miran con cara rara, me odian por un segundo, pero deben dejar el celular. Luego a medida que el taller va teniendo curso y se van animando y trabajando, se olvidan del celular y logran involucrarse mejor en la tarea. Incluso al final del taller más de uno se olvida del celular. Lograr esto con el adulto es tarea clave para que valore la vida fuera de la hiperconexión, valore el vínculo, pueda escuchar al otro y escucharse a sí mismo. En todos lados, los celulares se han transformado en herramientas de desencuentro de tensión, de aislamiento e impulsividad. Apostar a que los chicos lo manejen, es entrenarlos en pequeñas dosis de frustración.

Sabrán que varios grupos de la sociedad, jóvenes sobre todo, han desarrollado ya intentos por desconectarse. Algunos piden los celulares al entrar a un cumpleaños para poder disfrutarlo. Otros se reúnen a tomar algo con amigos y ponen la regla de dejar el celular en la mesa y quien primero se tienta de agarrarlo paga la cuenta de todos. Estrategias que se ponen a prueba cada día para intentar vivir mejor. Muchas personas "se olvidan de cargarlo", porque es tedioso y genera estrés estar respondiendo permanentemente; esperan al final del día o luego de tres o cuatro horas, ven los mensajes y elijen qué responder y qué no.

En "Esclavizados y transparentes" el escritor español Javier Marías dice que las personas "Jamás tienen ya la sensación de haberse despejado el terreno, de haber cumplido con sus tareas y poderse dedicar un rato a leer, dar un paseo, ver una película o –lo que es más increíble– trabajar en lo que de hecho trabajan, para lo cual no les queda apenas tiempo.", pues estas tienden a chequear de veinte a treinta mails nuevos cada mañana, para luego seguir respondiéndolos de noche.

Marías tiene la virtud de poner el acento en lo esencial que no siempre vemos: la necesidad del descanso luego del trabajo y de poder dedicarnos a tareas como leer, escribir, estar con la familia, sin culpa, sin estrés y sin tensiones. Vamos perdiendo el tiempo, sin darnos cuenta, en cosas que nos atrapan, sin sentirnos libres. No en vano han crecido en internet aplicaciones para ayudar a la persona a estar menos tiempo en internet, o menos tiempo consultando sus mails. No es raro encontrar cada vez más "arrepentidos" o personas que buscan alternativas de desconexión para centrarse más en los vínculos presentes. Estar presente en el momento presente.

La Dra. Natalia Trenchi, psiquiatra especialista en niños, coincide en que el abuso mediático tiene efectos por tres vías diversas. En primer lugar, por los contenidos que el niño recibe desde la TV. Aquí vemos que una cosa son "medios de información" o "conexión" y otra muy distinta es la comunicación. Luego está la naturaleza del fenómeno mediático. Se ha demostrado científicamente que quienes abusan del consumo televisivo, se acostumbran a responder a estímulos muy intensos y rápidos. El famoso *multitasking*, el hacer muchas cosas a la vez. El efecto de esto se verá cuando el niño tenga que enfrentar situaciones en la escuela en las que se precisa ir más lento; una situación que podría explicar por qué hay tantos casos de dispersión. Y, por último, el tercer efecto del abuso de TV, tiene que ver con lo que los hijos dejan de hacer en esas tres horas que están frente a la pantalla. Dejan de hacer ejercicio físico, conversar con su familia o leer. Estas acciones se aprenden y se vivencian en familia. No es que la TV sea el demonio sino que el adulto debe decidir qué se ve y cuánto tiempo para ayudar a que el niño crezca sano y vivencie otro tiempo menos pasivo y más creativo. Muchas veces los adolescentes frente a la pregunta ¿qué haces cuando estás aburrido? Responden "viendo TV o en la compu".

El reto de la semana sin celular
(en la institución educativa)

Se le puede plantear a los padres como parte del proceso educativo y de la currícula escolar. Apenas se informará una semana antes. Previamente, se trabajará con los docentes para preparar a los chicos y a los padres para dicha semana. Así mismo, se le pedirá a los adolescentes que tomen nota de lo que vayan sintiendo, que lleven un "diario de la semana sin celular".

Abrir un blog para para que los estudiantes comenten cómo se van sintiendo puede ayudar a que la "desintoxicación" no genere "síntomas de abstinencia" que derive en enojos en casa e impidan concluir bien la semana.

Momentos del día en que nuestro hijo nos precisa desconectados[9]

La psicóloga Catherine Steiner-Adair sostiene que cuando los padres revisamos constantemente el celular, enviamos a nuestro hijo el siguiente mensaje: "No te presto atención, no me importa ahora lo que estás haciendo. Tampoco me importa nuestro vinculo, nuestra relación." Y, sobre todo, le estamos enseñando y transmitiendo que tampoco me debería afectar si mañana mi hijo me hace lo mismo. Estos momentos son a la mañana, yendo a la escuela, al volver de la escuela, cuando llegan a casa, durante la cena en casa y al acostarse a dormir. Veamos cada uno de esos momentos y como los podemos aprovechar en modo "digital detox".

A la mañana. A la mañana los hijos pueden percibir que estamos calmados, nos despertamos, podemos darnos tiempo para disfrutar del desayuno, pensar tranquilos lo que se precisa para la jornada y conversar sobre lo que los hijos van a vivir ese día. Si estamos pendientes de la pantalla mientras estamos haciendo otra cosa, no vamos a estar escuchando.

Yendo a la escuela. Hoy día la gente se queja de que no hay tiempo. Por eso cada minuto es importante. Al ir a la escuela en auto o en ómnibus puedo aprovechar para conversar en forma distendida. Si en esos momentos estoy llamando por teléfono, no estaré presente en el presente.

Al pasarlos a buscar. Cuando los vamos a buscar, recibirlos con alegría, contactar visual y físicamente con ellos. Tenemos la oportunidad de contar lo lindo que nos fue en nuestro trabajo, también de los problemas que tuvimos pero que supimos resolver.

9. "Los ocho momentos del día en que tu hijo precisa que te desconectes", *Cromo*. Disponible en: http://www.cromo.com.uy/2014/10/los-ocho-momentos-del-dia-en-que-tu-hijo-precisa-que-te-desconectes/

Le transmito que todos vivimos lo mismo, nosotros en el trabajo y ellos en la escuela.

Cuando llegan de la escuela o liceo. Steiner-Adair afirma que este tiempo de transición de la escuela a la casa también es crucial. Vamos ayudando a que el niño se autoregule, se calme y pueda distenderse para retomar la tarea o pasar a actividades recreativas y de relajación.

Al llegar a casa. Es buen consejo poder dejar en la oficina todo lo pendiente de lo laboral. No seguir en casa respondiendo mails y llamadas. Para esto debemos comunicar a nuestro equipo de trabajo que no estaremos disponibles luego de "x" hora para responder mails. Es fundamental llegar a casa sabiendo que uno ya cumplió con su trabajo.

Las comidas. En lo posible, prohibir las pantallas en la mesa, sin TV, sin celular, verán que al principio es difícil (para el adulto y para el niño) pero luego nos iremos acostumbrando. Se puede poner una caja a la entrada de la casa, junto a las llaves, donde uno deja el celular al llegar y cada uno hace lo mismo. Le estaremos enseñando a comer despacio, a conversar, a humanizarnos.

Hora de acostarse. Muchos padres me han contado, con niños de 4 años y menos, que el niño se duerme con la tablet. Por favor, sustituyan la tablet por un libro, poder contar un cuento sin que los celulares suenen. Ya hemos visto que los expertos recomiendan menos pantallas a la hora de dormir

Tiempo familiar. Puede ser un partido de fútbol, un paseo al parque o un almuerzo afuera: la idea es que los tiempos familiares sean compartidos con sus miembros y no con otros a través de los dispositivos móviles.

Celulares fuera

Varias veces a la semana, se puede probar cenar con los celulares apagados y lejos de la mesa. Con los celulares apagados
y lejos. Padres e hijos pueden conversar de lo que cada uno ha
vivido durante el día. Uno de las metas es intentar estar al menos
dos horas así, tranquilos, relajados, conversando, dejando pasar el
tiempo, fluyendo.

¿Como decir "Entra a bañarte" sin que el niño salga afectado?

¿Conocen una manera de decir bien "andá a bañarte"? Creo que no hay. Cuando nuestros hijos entran en la adolescencia, comienzan a cambiar sus hábitos, entre ellos la conocida lucha de los padres para que se bañe. No hay una manera para decir "bien" las cosas, cuando se trata de educar. La familia es donde se educan los hábitos de la persona. Levantarse, ir al baño, lavarse los dientes, lavarse las manos, comer, bañarse, hacer la cama, colaborar en las tareas de la casa, lavar los platos o barrer. Todo este proceso educativo es tedioso, fatiga y cansa pero a los padres no nos debe fallar la perseverancia.

Suelo decir en las charlas para padres "si usted no se quiere estresar ahora que el niño es chico, se estresará cuando sea grande con problemas más grandes." Estresarse ahora es repetir una y otra vez "entrá a bañarte", porque a los cinco minutos el adolescente está cantando bajo la ducha sin problema. El problema es que si tenemos miedo de que salga afectado o de que no nos quiera, le hablaremos despacio, le daremos pequeños incentivos para que se motive, pero luego, cuando estemos cansados y desbordados, terminaremos gritando y llorando. Los padres perdemos autoridad y lo que ocurre es peor de que lo que ocurría con nuestros propios padres, a los cuales acusamos de ser duros o fríos, pero no llegaban a transmitir el desborde. Si el padre o madre pierde autoridad, el adolescente gana terreno en su manipulación y así será más difícil decirle "andá a bañarte".

Recuerdo un diálogo con una madre que me vino a consultar este problema; efectivamente, recibimos este tipo de consultas. Le dije: "dígale 'andá a bañarte' con tranquilidad pero con seguridad y determinación". La madre me contó que su hija adolescente le respondía desde el cuarto con la puerta cerrada: "¡Bullying!,

181

me hacés Bullying. ¡Te voy a denunciar!". Triste realidad, parece cómico, pero no lo es tanto.

El adolescente, por naturaleza, rechaza los límites que padre o madre intentamos poner. Pero no nos debemos dejar manipular por gritos de "Bullying". Debemos insistir y no corrernos; cuando sea más grande (confíen, esperen, tengan paciencia, respiren, ellos también crecerán como crecimos nosotros, ¿crecimos nosotros?) se los agradecerá y se reirá o ni se acordará de que nos rechazó al decirnos bullying.

En suma, como decía Jaime Baryllko en su libro *El miedo a los hijos*, no les tengamos miedo, son personas que hay que educar y precisan de padres presentes, firmes, que no se dejan barrer por el descontrol emocional adolescente, quien por su etapa vital también tiene miedo de lo que sienten y lo que dicen. Eso es lo que explica que en la misma tarde, te pida sentarse en tu falda con 15 o 16 años, porque siente culpa de que se quiere separar; así es la vida. Estamos educando en hábitos. Nadie tiene ganas de ir a trabajar o estudiar los lunes de mañana, pero educamos ese hábito, ayudando a trascender las ganas y levantándonos con alegría, con cansancio y desgano tal vez. Pero también con el gesto no verbal de que "aquí estoy", preparando el mate, el desayuno para comenzar otro día, para estar disponible para lo que el día nos trae, para celebrar la vida, la nueva oportunidad de despertarnos y tener algo que hacer, una tarea que nos espera en el trabajo a los padres, en la escuela a los hijos. Gracias a esa tarea que nos espera, no desespero.

Tutorial para decir andá a bañarte

Si le toca lidiar con un niño haciendo una rabieta o con un adolescente que no se quiere bañar, o cualquier otra situación cotidiana que le cuesta manejar, pienso en lo siguiente.

1. No me lo hace a mí, es un niño, es mi hijo. Yo soy el adulto. Respiro, me tomo unos minutos, no cedo frente a las emociones.

2. Respondo con amor, con altura, con asertividad. "Te dije que te vas a bañar y en menos de cinco minutos te quiero ver en el baño". No me agito, no me altero. Y tampoco es un balotaje ni una consulta. Es una decisión, le informo lo decidido. Y esperamos luego la acción.

3. No hay recompensa para que lo haga, es su tarea.

4. Me entretengo haciendo otra cosa, no le doy "tanta importancia" al tema, para que vea que no me afectó su reacción y para que vea que la vida sigue su curso y que mamá o papá tienen otra cosa que hacer.

Instrucciones para rezongar sin culpa: "a mí me duele más que a ti"

Los "padres de antes", cuando ponían límites, decían: "Mira que a mí me duele más que a ti". ¿Recuerdan esta frase? Crecimos con esa frase, pero era dicha por un adulto que no tenía miedo, que estaba tranquilo y seguro que ese límite, esa norma, ese "no" era clave para la formación de la persona.

Los adultos en la actualidad ya no pueden decir eso, sufren de adolescencia tardía, son adultos inmaduros, inseguros, miedosos, con culpa en el fondo. Ya no pueden decir "a mí me duele más que a ti" sino todo lo contrario: "como a mí me duele, no te digo que no, te doy lo que quieras para que dejes de rabiar o llorar". "Como me duele que te duela, tapo tu dolor para tapar el mío". Al evitar el dolor se evita crecer, tanto el adulto como el niño. Por eso les llaman "adultescencia", adultos adolescentes, adolescentes eternos.

Es grave que el adulto no pueda sostener el dolor que implica educar y frustrar a tiempo, y, fundamentalmente, que no pueda proyectarse en el tiempo, previendo el aprendizaje que esto supondrá para su hijo. Sabemos que ese "no" y ese dolor puntual serán tediosos y cansadores los primeros años, pero que luego el niño y adolescente ya no precisarán que el padre y/o madre insista en el no, habiéndolo incorporado. No es un "castigo", ni es para toda la eternidad. Es un límite a tiempo, con amor y claro que incluye el dolor, porque amar implica sufrir, porque estoy involucrado en el proceso de mi hijo. Me duele, pero sostengo el no. No es la opción "si a mí me duele, no le digo que no".

Para eso trabajamos como padres y educadores, para que no nos necesiten, pero si no los frustramos ahora, ¿cuándo los vamos a frustrar? Porque si educar es frustrar, también lo es para el adulto que frustra, que debe soportar la antipatía del hecho de ser el malo, el que limita, el que impone.

En el fondo esto es una invitación a que como sociedad podamos madurar y crecer entre todos. No es cuestión de decir "los jóvenes de hoy en día son así", porque de esa manera, no miramos nuestra cuota de responsabilidad y tiramos la pelota afuera. Creo que el coaching para rezongar sin culpa pasa primero por asumir nuestro rol, asumir el dolor que implica, un dolor que nace del amor. Porque me involucro y me importa lo que le pasa a mi alumno o a mi hijo, es que sufro. Si no me importara no sufriría; este es el dato esquizoide de nuestra sociedad: ¿cómo podemos pretender educar sin que nos importen nuestros hijos? No se puede educar ni poner límites en forma indolora, o de forma tal que salgamos "bien parados". Si nos toca el dolor del otro, estaremos educando. Si no nos toca, si no somos por un tiempo "los malos" no habremos educado, habremos pasado por su existencia como alguien más, como un "tour virtual de la existencia", en el fondo vacía y sin sentido. Trabajamos para que no nos necesiten, no para que nos sigan necesitando el resto de sus vidas, porque de esa manera nos estamos condenando a la inmadurez afectiva, familiar, social. Me duele, quiere decir, me importa, entonces acciono. No reacciono. Decido libremente y sin miedo y sin culpa, frustrar, amar, educar.

Consejos para que el adolescente aprenda a andar en ómnibus

Elijo contar la siguiente anécdota ya que se menciona con frecuencia en los talleres para padres como motivo de preocupación y ansiedad cotidiana.

Una familia se muda lejos del centro educativo, la hija adolescente, 12 años, debe aprender a ir en ómnibus al liceo. Alguna vez anduvo en dicho medio de locomoción acompañada por algún adulto referente. La niña se resiste a andar en ómnibus, la familia insiste en que no hay opción, por lo que el padre se encarga de hacer el coaching. "Mirá hija, confiamos en ti, la situación es esta, se paga el ómnibus así y tu avanzas hacia dentro del bus, si ves una mujer te sientas al lado, si ves una niña como tú, que lleva tu misma moña o escudo de la escuela, es amiga, te sientas al lado; hombre, te sientas lejos".

"Con eso será suficiente". Disculpen si suena irónico, pero me he encontrado diciendo esto a muchos padres en talleres y pacientes en la consulta que traen esta preocupación. Miren a qué punto hemos llegado que esto es motivo de consulta, de neurosis. Se acompaña al hijo, se le da instrucciones, luego se lo deja solo y uno espera, con o sin ansias, cómo le fue. Pero sin mayor estrés.

Educar es confiar, confiar que nuestros hijos darán respuesta a la problemática que la vida le presenta; como también le dimos respuesta nosotros, sin un miedo patológico que nos paraliza. Porque si eso se da, el adolescente se agarrará de nuestro dolor, para no salir, para hacer la rabieta más grande de lo normal, de modo de activar el chip de la madre o padre sobreprotector y diga "está bien, yo la llevo". No, por favor, no la lleve. Que vaya solita y solito. Da miedo, ya sé. Pero confíe, no se asuste. Usted le dio elementos, le dio seguridad, le dio estrategias, lleva un celular por las dudas. Así que a confiar, a vivir, que afuera está la vida esperando.

III. ¿POR QUÉ CUESTA SER DOCENTE HOY?

El para qué de la educación

¿Desde qué modelo de hombre educamos? ¿Para qué queremos educar? ¿Para que las personas sean recursos humanos? ¿Para salvarse? ¿Para que sobrevivan en un mundo competitivo? ¿Para que sean útiles a la sociedad? ¿Para que se adapten a la sociedad tal cual es? ¿Para que se rebelen o se amolden y se resignen? ¿Para que hagan lío o para que se queden quietitos? ¿Es la principal función de la educación prepararlos para el trabajo? ¿Qué es lo relevante? ¿Cómo se construye un nuevo diseño curricular? ¿Con base en qué modelo de hombre?

Para responder estas preguntas tendremos que pensar si concebimos un concepto de persona individual, que lucha por sobrevivir, que debe prepararse para el "futuro" (como si el futuro fuera un gigante que asusta y frente al cual yo no puedo hacer nada) o uno de persona integral, bio-psico-socio-existencial que vive en comunidad. ¿Qué niño tendrá ganas de acercarse a ese futuro, si ese futuro es amenazante? Si solo creemos que educar es preparar para el mundo competitivo del trabajo, nos centraremos en lo que "sirve" y en lo que es "útil", especialmente útil para hacer dinero y para un presente que cambia permanentemente, Lo demás queda fuera de la currícula. Quedarán fuera los valores que nos forman como personas; de hecho ya están quedando.

Como la mayoría sabe, en las empresas existen los (mal) llamados Departamentos de Recursos Humanos (RRHH), Gestión de Capital Humano o, más recientemente, Gestión de Personas.

187

Estos departamentos, entre otras funciones tienen que capacitar (¿no es lo mismo que educar?) a sus funcionarios en conceptos como Motivación (falta de sentido), Liderazgo (crisis de autoridad), comunicación (falta de empatía), trabajo en equipo (individualismo), toma de decisiones (delegar, miedo al cambio). Esta misma capacitación que aparece como necesaria de implementar en nuestras empresas, podría llevarse a la escuela primaria, secundaria y universidad con un currículo equivalente, capacitando en estos temas tempranamente.

Debajo de esto currículo hay un concepto y modelo de persona. La persona precisa un sentido para vivir, un motivo por el cual levantarse cada día. Es libre de tomar la vida en sus manos, más allá de lo que le pasó o de lo que vivió. La persona es en relación con los demás, nadie se hace solo; precisa comunicar su mundo emocional y afectivo para relacionarse, vivir con entusiasmo, llenarse de vida para contagiar ganas de vivir, sea en su familia, trabajo, comunidad, centro educativo. Una persona necesita inspirarse para inspirar, tomar aire para poder luego dar aire y oxigenar sus vínculos afectivos. Si alguien es persona en mi familia y se disfraza de "recurso humano" al llegar al trabajo, está claro que será presa fácil del burnout, tarde o temprano se deprimirá, se cansará y pedirá ser reemplazada. Si se transforma en recurso humano, tendrá solo una opción: cumplir. En definitiva, es necesario ser tratado como persona para responder como tal. Si tratan a alguien como recurso, será un recurso, si lo tratan como persona contará con muchos recursos para responder en su trabajo y en su vida en general.

En mi experiencia trabajando en empresas, ayudando a construir vínculos significativos, trabajando con gerentes, mandos medios y todo el personal de los llamados "recursos humanos", observamos que reclaman y valoran un modelo existencial, donde se considere al otro como persona, antes que recurso humano. Si el empleado se transforma en recurso humano (si es humano no es un recurso, si es un recurso no es humano, como bien afirma Sergio

Sinay), se convertirá pronto en un fusible que fácilmente puede ser sustituido por otro; se convertirá en algo para ser usado.

Sabemos que las empresas están preocupadas por el ausentismo laboral, por la depresión y por diversas enfermedades. Podemos generar un programa complementario (no alternativo) basado en valores humanistas para que el trabajador recupere su ser persona. De esa manera, se tendrá a sí mismo, se sentirá libre y no sentirá que "chupan lo mejor de él". Se sentirá responsable, agradecido por pertenecer a una comunidad y dará al final sentido a su vida en su tarea cotidiana.

Todavía estamos a tiempo de que la persona se rebele contra lo que intentan hacer de ella; la persona sujetada antropológicamente es más difícil de desatar. Los lazos invisibles que le dicen a la persona y la convencen de que es un fusible y no protagonista son más difíciles de desatar que los lazos visibles. No hay *team building*, ni *happy hour* que valga si la persona se siente herramienta y no protagonista del cambio. Si este es el único trabajo que tiene, por ende, es el mejor trabajo del mundo.

Volvemos a preguntar, ¿para qué queremos educar? Con el fin de "obtener un producto", perdemos el contexto y junto con el contexto desaparece la persona o, lo que es peor, esta se anestesia para poder seguir. Tenemos tan baja autoestima que hay gente que prefiere seguir siendo un fusible con riesgo de quemarse a no ser nadie. No somos nadie en un mundo que solo premia a los que saben hacer productos, al que produce. No se puede limitar la vida humana solo a la esfera de la producción. El objetivo de la educación debería volver a ser el de formar personas, que luego tendrán un quehacer particular para el cual sus dones y capacidades serán necesarios. Si formamos personas, no podemos confundir lo que se hace con lo que se es.

Si condicionamos el currículo educativo a las expectativas que tienen las empresas: ¿no sería más honesto pedirle al Ministerio de Economía que se encargue de las universidades y que no dependa del Ministerio de Educación? Veamos brevemente parte del planteo de Martha C. Nussbaum en su obra *Sin fines de lucro. Por qué la democracia necesita de las humanidades*. Ella afirma que "Se están produciendo cambios drásticos en aquello que las sociedades democráticas enseñan a sus jóvenes, pero se trata de cambios que aún no se sometieron a un análisis profundo. Sedientos de dinero, los estados nacionales y sus sistemas de educación están descartando sin advertirlo ciertas aptitudes que son necesarias para mantener viva a la democracia". La autora prevé, de continuar por este rumbo, el surgimiento de generaciones de personas-máquinas, carentes de capacidad para pensar por sí mismas y de una mirada crítica sobre la realidad. "El futuro de la democracia a escala mundial pende de un hilo", dice.

Estas palabras que pueden parecer apocalípticas, tratan de advertirnos sobre la peligrosa tendencia en que los gobiernos pueden caer si descuidan las materias más humanistas, que parecen, en principio, no ser aplicables a los intereses del mercado. Nussbaum sostiene que habría dos clases de educación: la educación para el crecimiento económico y la educación para el desarrollo humano. En el fondo es la preocupación de Viktor Frankl, entre otros humanistas: el riesgo de que la persona se vuelva un medio, un recurso, una cosa a ser usada, en vez de ser un fin en sí mismo, un ser humano que suma en la humanización de su vida, su trabajo, su sociedad. Todos somos, al fin y al cabo, personas que tejemos redes vinculares para desarrollar nuestras tareas.

Sin duda que la función de la escuela sigue siendo la de desarrollar la aptitud de saber aprender. Ayudar a que el alumno tenga confianza y disposición para aprender toda su vida. Ayudar a que desarrolle habilidades de pensamiento, con creatividad frente a los cambios del mundo actual. Cualquier énfasis exagerado en lo útil y pasajero tiene corta vida, pues los cambios, fundamentalmente tecnológicos, se dan a diario. Cualquier intento por especializar a los alumnos antes de tiempo, generará generaciones inmaduras, poco creativas y, por lo tanto, con poca capacidad de adaptación, de tolerar la frustración, de adaptarse a los cambios, en fin, de seguir aprendiendo.

> **Después de todo, carece de sentido llegar a ser técnicamente competentes si al mismo tiempo nos volvemos culturalmente ineptos.**
> **Guillermo Jaim Etcheverry**

¿A qué aspiramos entonces? A que aprendan claro; pero fundamentalmente que aprendan a ser personas, que aprendan que ser feliz no incluye solo el conocimiento técnico. No queremos que sea un graduado exitoso, pero analfabeto emocionalmente. Aspiramos a que su felicidad pase por ser una persona flexible, creativa, que sepa incorporar al que piensa distinto, que sea proactiva, claro, pero no solo para producir, sino para no caer en la apatía y en el aburrimiento, en el individualismo. Aspiramos a que quiera cambiar la sociedad en la que vive. Aspirar, inspirar, respirar; cuánta falta nos hace oxigenar nuestras familias y nuestros centros educativos para poder contagiarles con el ejemplo de que se puede soñar en un mundo mejor.

Educar es, en esencia, ayudar al otro a crecer, partiendo de las mejores potencialidades que tiene y de las cuales muchas veces no es consciente. Es ayudar a parir lo que ya está en él pero que aún no se ha revelado. Educar es cuidar del otro, para que ese tú que nace logre pulirse a sí mismo, ese tú que es una mismidad desafiada a salir para conocerse y brindar sus posibilidades al mundo. Educar es siempre desde una relación interpersonal, por eso nadie es realmente "autodidacta". Todos aprendemos desde alguien, a partir de los padres y de nuestros primeros maestros, los diversos saberes que implica vivir.

El hecho de educar no se agota en instruir o en dar clase. Ortega y Gasset afirma "Si el alumno no aprendió, el docente no puede decir que enseñó, a lo sumo que intentó". Intentar educar no es lo mismo que educar; precisamos llegar al otro con alma y vida para que crezca a partir del vínculo. El otro, los otros nos exigen una respuesta; por eso la llamada del docente es responder a lo que surge del otro. La vocación del docente es la respuesta a la llamada del otro. El otro que necesita aprender, que pide la palabra, que solicita ser enseñado. Por eso la palabra vocación, viene del latín *vocatio*, llamada. En esta llamada es donde se ponen en juego las virtudes pedagógicas más específicas: la esperanza, la templanza, la paciencia.

Motivando desmotivados

> Uno envejece cuando pierde la curiosidad.
>
> José Saramago

Ortega y Gasset, en su famoso artículo "Sobre el estudiar y el estudiante", dice que las disciplinas existen porque unos hombres las crearon y si las crearon fue porque las necesitaban. Las buscaron y las encontraron. Si se adecuaban a su necesidad, se decía que habían encontrado una verdad. Si no sentimos que precisamos dicha verdad o pensamiento, entonces "no será verdad" para nosotros. "Verdad es aquello que aquieta una inquietud de nuestra inteligencia" afirma el filósofo. Siguiendo su razonamiento una verdad no existe para quien no la necesita, igual a una disciplina; la metafísica no es metafísica sino para quien la necesita. Para quien no la precisa, será una serie de palabras que carecen de sentido.

¿Será esto lo que pasa con los jóvenes que leen palabras que no necesitan? ¿Por eso nos cuesta motivar desmotivados? ¿Qué precisan nuestros jóvenes para salir de la apatía, tranquilidad aparente y devolvernos la rebeldía que siempre los caracterizó? Yo siento que precisan, en primer lugar, que se los trate como personas maduras. Si los seguimos tratando como "niños creciditos" seguirán siendo niños y actuando como tales. Siento que necesitan que confiemos en que son adultos jóvenes capaces de decidir y de ingresar a la sociedad. Para comprender la falta de motivación o de expectativas sería interesante cuestionarnos las expectativas que los padres tenemos respecto a la escuela. Encontraremos, probablemente, una falta de convicción en los propios padres respecto al sentido del estudiar. Comprenderemos que es muy poco estimulante estudiar cuando las personas que tienes a tu lado (padres, tíos, tutores) no te saben contagiar expectativas. ¿Qué perciben los niños cuando los dejamos en la escuela? ¿Que no hay más remedio? ¿Que los llevamos para que estén "seguros y cuidados" mientras trabajamos?

En palabras de Bleichmar "no podemos decirles a los chicos que tienen que ir a la escuela porque así se ganarán la vida. Decirle a un ser humano que tiene que estudiar porque está trabajando para tener trabajo es contradictorio con darle un sentido a la vida. Los seres humanos tienen que sentir que lo que hacen tiene algún sentido que excede a la autoconservación. [...] Y la escuela es un lugar de recuperación de sueños, no solamente de auto-conservación"[10]. No pueden encontrar sentido en vivir para sobrevivir más adelante, trabajando. El sentido de conservar su vida tiene que estar en tener la posibilidad de producir un país mejor, en el que puedan recuperar sus sueños.

Cuando inicio mi curso análisis existencial, en el tercer año de la Facultad de Psicología en la Universidad Católica, suelo preguntar a mis estudiantes: "¿para qué quieren ser psicólogos?". Muy pocos levantan la mano para decir su opinión, quizás tres o cuatro se animan y me responden: "para hacer un posgrado", "porque me da curiosidad como piensa la gente", "para seguir formándome", "por descarte". Muy pocos dicen "para mejorar la sociedad en la que vivimos", "por vocación", "para ayudar a los demás" y "para consolar al que sufre", mucho menos.

---

10. Silvia Bleichmar. *Violencia social - Violencia escolar. De la puesta de límites a la construcción de legalidades.* "Subjetividad en riesgo: herramientas para su rescate", pág. 132. Noveduc, 2012.

Los jóvenes muchas veces no saben por qué hacen lo que hacen, falta inspiración; están transpirando el qué, para aprender el cómo sin saber por qué ni para qué. El para qué es el sentido de la vida, es lo que nos inspira, lo que nos motiva. Si no tengo claro el para qué, me desmotivo, me "mataré trabajando" sobre el qué (producto final), sin disfrutar y condenándome a la frustración en el camino. Por qué hago lo que hago y para qué es lo que le da sentido a mi vida, a mi trabajo, a mis vínculos.

Siempre les digo a mis estudiantes, psicólogos hay muchos, pero nadie como tú y los precisamos a todos y a cada uno en su unicidad. Ahora, si solo estudias para poder terminar tu grado e ir al posgrado y luego al doctorado, entonces corremos el riesgo de perder tu aporte a la comunidad; es un riesgo. Muchos doctorados se hacen sobre valiosas investigaciones que luego se aplican a la sociedad, ¿cuántos las leen? No dudo de ese aporte, solo pido que luego pueda llevarse lo estudiado e investigado al hombre común de la calle para que el conocimiento no quede aislado en una burbuja.

En muchos cursos actuales, de la materia que sea, se prioriza el qué y el cómo. Se podría decir que hay licenciaturas que casi enseñan el cómo se hace, matando la creatividad y la ilusión del chico de crear sus propios cómo. Si se mata la curiosidad, se mata el porqué y el para qué queda pendiente de un fino hilo que el joven de hoy parece no estar dispuesto a sostener y entretejer.

¿Qué debemos hacer para que estos jóvenes pierdan la calma y salgan del aletargamiento existencial para orientarse a cambiar la sociedad? Cuando digo cambiar, no me refiero a revoluciones mágicas ni viejas revoluciones. Me refiero a que nos ayuden a seguir construyendo una sociedad más humana. Si el joven solo estudia para "entrar en el mercado laboral", entonces tiene el camino hacia ser un "recurso humano" asegurado. El camino para ser un fusible a quemarse en ese "estudio para saber Hacer", no para Ser. Si perdemos el sentido del Ser, en los Hacer, se pierde la persona. Recuperar a la persona está siendo tarea ardua y principal de toda empresa que quiere que su empleado salga duchado y motivado de casa. Si se duchó pero olvidó motivarse, entonces depositará ese "debo ser motivado" en el afuera.

La pregunta clave sería cuánto creemos nosotros que influimos en la conducta de nuestros hijos. ¿Cuánto influye la TV y la tecnología?, ¿cuánto influye la escuela? Hay investigaciones que muestran que un gran porcentaje de padres cree que son los que más influyen, seguidos por la TV y luego por los ídolos, especialmente entre los adolescentes). Resulta impostergable volver a creer en la fuerza del ejemplo, los niños y adolescentes nos miran a nosotros padres y educadores y muchas veces sus actitudes son reflejo de las nuestras. Por eso, se hace necesaria una actitud honesta de nuestra parte para enfrentarnos con nuestra alegría, desgano, sentido, sin sentido, para poder luego decirles con autoridad a los niños: "vale la pena vivir". Vale la pena que leas este libro, que estudies y que te prepares. Pero no porque el futuro es amenazante y solo sobreviven los más fuertes sino porque tú tejes tu propio futuro y lo que eres como persona vale para mí y para el mundo que te rodea hoy.

El desafío del docente

Una investigación, citada por Jaim Ectheverry en su libro *La tragedia educativa*, revela que en Argentina los padres consideran que el principal objetivo hacia el cual debería estar orientada la escuela es evitar que los jóvenes entren en la droga, o sea, prevenir las adicciones. No me extrañaría que un estudio similar en Uruguay refleje el mismo dato. Esto, que puede y debe ser un tema de la agenda educativa, revela el hecho de que los padres depositan en el centro educativo funciones que antes correspondían a la familia.

El docente se encuentra en la encrucijada de seguir desarrollando su tarea educativa, mientras la transforma, para adaptarse a la coyuntura que vive nuestra sociedad. En una ocasión un profesor me comentó: "yo soy profesor de literatura y sería feliz si pudiera dar clase de literatura". ¿Qué pasa en las aulas que el docente no puede dar clases? Antes de dar la clase, o al mismo tiempo, tiene que educar a sus alumnos: "Sáquese el gorro, siéntese derecho, no ponga los pies sobre el banco, pida permiso, no discuta con su compañero, vaya a buscar el material". Durante la clase deberá insistir permanentemente en que no se levanten y hagan silencio. Es difícil lograr que se concentren, que se queden quietos, que escuchen, que respeten. Nos encontramos ya con niños y adolescentes impulsivos, agresivos, que no respetan la autoridad, ansiosos, demandantes, exigentes; niños víctimas de la "tiranía del deseo".

Para ellos ser feliz es desear cada vez más. Pero más que de deseo, se trata de capricho, de necesidades creadas que terminan dominándolos y apresando, de paso, a sus padres, quienes frente a esta tiranía del capricho no pueden decir que no. Quedamos todos, víctimas de lo instintivo, sin poder hacer algo con ello.

Esta es una de las tareas claves del educador: frustrar al alumno para que haga algo con lo que le pasa y no sea víctima pasiva de esos instintos. Pero la dificultad aumenta cuando notamos, no solo que los alumnos no está siendo educados por sus padres, sino que tampoco se acepta un consejo o señalamiento cuando el docente conversa con él y con los padres.

Constatamos a diario la soledad y el abandono al que hemos sometido a nuestros docentes, víctimas del desprestigio social. No se sienten valorados por los padres y menos por los alumnos. Las demandas sociales son exigentes, los docentes se sienten cuestionados una y otra vez y pocas veces reciben apoyo. Esto sin duda puede desgastar y desmotivar.

A estas dificultades se suma la exigencia de "ser divertido", dinámico, entretenido para lograr motivar y finalmente enseñar. Si bien el educador debe ofrecer un modelo diferente, alegre y dinámico, no por eso debe ser divertido. Lo divertido no define al buen docente.

¿No estarán los educadores enganchados con la exigencia de los padres y con la cultura del entretenimiento? Entretener es lo que la cultura actual le impone al docente. ¿Cómo competir con un iPhone, iPad, tablet o notebook para que el alumno sostenga la atención, concentración y memoria? Imposible. Si basamos nuestro cimiento pedagógico en competir con aquello que nos entretiene, estaríamos errando el camino.

Jaim Etcheverry también dice que "Si la sociedad deshace prolijamente lo que pretende que la escuela construya, no puede esperarse que la educación represente una gran diferencia". Una sociedad que le rinde honor a la ambición, al espectáculo, que celebra la superficialidad, que desprecia el crecer intelectualmente y adora el dinero, una sociedad que enseña a amar las cosas y a usar a las personas.

Es correcto afirmar que para muchos niños y jóvenes, los primeros educadores hoy son los docentes. Por lo tanto, si antes bastaba con lo aprendido en la formación docente para "instruir" a los alumnos, hoy eso no es suficiente. El docente precisa de otras habilidades y actitudes para poder llegar a sus alumnos, para poder educarlos, darles clase y seguir siendo optimista. Este desafío explica el alto grado de desgaste en nuestros educadores. Para muchos, el quehacer diario, lejos de ser vocacional, se transforma en un hacer poco creativo, sintiéndose obligados, no libres, lejos de contagiar optimismo y entusiasmo.

Según Julián Marías, el profesor tiene que despertar deseos, aunque no pueda satisfacerlos. "Deseo de saber, sin duda; más aún: deseo de ver, de mirar, de preguntarse, de quedarse perplejo, de moverse en un mundo mágico, que el joven casi siempre desconoce, y que el profesor descubre, entreabriendo una puerta, quizá sin atreverse a franquearla él mismo"[11]. Continúa afirmando que la función primordial del profesor y la que justifica su existencia, es contagiar el pensamiento, pensando ante los estudiantes y con ellos. En los libros está todo más completo, pero falta el entusiasmo, el gusto por las cosas, la fruición, dice, por ese mundo extraño que se llama "idea", necesario para que

---

11. "El profesor universitario", *Semanario ABC*. Disponible en http://hemeroteca.abc.es/nav/Navigate.exe/hemeroteca/madrid/abc/1983/12/07/003.html.

se realice con plenitud la vida universitaria, la cual requiere ser, antes que nada, vida. Finaliza este texto maravilloso afirmando: "Mi temor es que el tipo humano del profesor vaya siendo otro, más próximo al técnico al ejecutivo al funcionario".

Nuestros docentes deberían ser personas que enseñen que tener un proyecto de vida es soñar, es asir el futuro. Aquellas personas cuyos sueños viven apresados, quedarán esclavos de sus pulsiones, instintos, condicionamientos y serán fácilmente manipulados o caerán en el conformismo.

En mi recorrida por las aulas, trabajando con jóvenes, suelo preguntarles "¿cuántos profesores optimistas tienen?" A lo sumo me responden "uno o dos". Cuesta mucho encontrar profesores que contagien entusiasmo. Los centros educativos pueden formar buenos técnicos, pero no pueden comprar entusiasmo. El entusiasmo se contagia, generando comunidades de vida, donde el docente se sienta contenido por un grupo humano que los sostiene y entusiasma cuando está decaído.

Recordemos el concepto de optimismo de Savater. Educar es creer en la perfectibilidad humana, en la capacidad innata de aprender. Los hombres podemos mejorarnos por medio del conocimiento. Por lo cual si entramos al aula, si somos educadores, seremos optimistas, creeremos en la capacidad del ser humano de aprender. Si usted está pasando un momento pesimista, no entre al aula, tampoco a la sala de profesores. Tenemos que poder sostener nuestros dolores en nuestro mundo íntimo y privado. Usted puede ser pesimista en privado, dice el autor.

Pero hemos perdido lo íntimo y lo privado, se ha desdibujado la esfera privada de manera que solemos decir todo lo que nos pasa al compañero de trabajo. Ese no es un encuentro profundo, es una mera autoexpresión, "catarsis sin destinatario", sin un fin de comunicación que no ayuda a combatir el pesimismo ni permite entrar al aula con actitud optimista. Cuando el docente trabaja sin sentido, o no encuentra sentido a su tarea, es vulnerable al burnout. ¿Cómo nos damos cuenta de esto? Porque va a trabajar sin ganas, como obligado o como empujado, no es creativo, no se siente libre, por lo tanto tampoco es responsable, no puede ver nada valioso en sus alumnos ni en sus compañeros docentes y termina fatigado, agotado. El descanso de verano en las vacaciones tampoco lo restaura para arrancar otro año de manera más optimista.

En cambio, cuando el docente se siente libre, es creativo, no vuelve a utilizar las mismas fotocopias de hace años, sino que inventa algo nuevo, se siente vivo en la relación pedagógica y puede contagiar vida a sus alumnos. Tomemos conciencia de que debemos ayudar a nuestros alumnos a recuperar el entusiasmo por la tarea y, para eso, es esencial trabajar con los docentes, que ellos mismos puedan recuperar ese entusiasmo para luego trasmitirlo.

Esta actitud optimista no quiere decir ser divertido. El profesor puede ser aburrido, pero ser al mismo tiempo profundamente optimista en su creencia de que los alumnos pueden cambiar el mundo, que pueden perfeccionarse como personas. Este es el gran desafío actual: restaurar al docente para que entre al aula con actitud optimista. Si su actitud al presentarse frente a los alumnos es pesimista, solo podrá domarlos, sin llegar a educar. El optimista educa, el pesimista doma.

De esta manera, tendrá más probabilidades de asumir conductas agresivas. ¡Por favor, no domemos niños! No somos domadores, somos educadores de personas que con libertad y responsabilidad deben tomar la vida en sus manos. El profesor pesimista es un domador; domador de sueños, que, sin darse cuenta, deja que los niños sean esclavos de sí mismos. No dejemos que el pesimismo nos derrote. No se puede educar sin optimismo, sin confianza. Una sociedad sana se puede medir por la rebeldía de sus adolescentes, por sus ganas de cambiar el mundo.

Si a la gente no le permites soñar, la esclavizas. Esta es la destrucción más cruel, robar sueños a la gente.
Alessandro D'Avenia

Tenemos una doble tarea

Nuestra primera tarea es generar dispositivos para "sostener a los docentes" y ayudarlos a educar en estos tiempos, que acepten la realidad tal cual es para que puedan aprender nuevas formas de relacionamiento. Debemos centrarnos en lo que hoy realmente les hace falta a los niños y jóvenes: vínculo significativos, ser queridos y, recién entonces, los conocimientos. Aprender a ser y convivir sea quizás la tarea más importante en este fin de siglo autista e individualista donde cada cual se preocupa por sí mismo, sin dar lugar al otro.

El cuidar y sostener al docente implica trabajar aquel concepto de felicidad basado en construir vínculos significativos, tener un proyecto de vida, cuidar nuestra alimentación, poder ser creativos en nuestro trabajo y actividades diarias, hacer ejercicio físico, darnos cinco minutos para celebrar y agradecer la vida, invertir en "experiencias", en vivencias y no en cosas. Estas premisas que proponen los investigadores nos enfrentan al desafío de integrarlos en nuestro plan de estudios, actividades diarias y en nuestros centros educativos. Creo que cada centro educativo tendría que marcar su agenda de actividades que cuiden a la persona en todas sus dimensiones: biológica (alimentación, ejercicio, sueño), psicológica (atención, relajación, meditación), social (vínculos, familia, amigos) y existencial (proyecto de vida). A su vez, si el educador toma en cuenta estas cuatro dimensiones podrá relacionarse mejor con su alumno, como vimos en el apartado "cuidar las cuatro dimensiones de la persona".

Nuestra segunda tarea es la de educar a los padres mientras se educa a sus hijos. Hay muchas instituciones que han comenzado este camino, realizando en principio dos o tres charlas al año para padres con diversos especialistas (psicólogos, psiquiatras, nutricionistas, sociólogos, educadores sexuales). Pero ahora nos hace falta crecer en la toma de conciencia de que no se puede hacer prevención con dos o tres charlas por año en 3º o 4º de liceo. Debemos comenzar desde primaria con un plan de encuentros o talleres para padres que convoque (¿será necesario hacerlo obligatorio? Muchos opinan que sí) a los padres para dialogar sobre los diversos procesos, roles y temas de sus hijos.

Cuando tomamos conciencia de que no somos ni los primeros ni los únicos sobre la faz de la tierra, nos damos cuenta de que tenemos que dejar algo a alguien. Por eso dice Ortega que el ser humano se puede deshumanizar si no se encuentra con otros seres humanos. Todos conocemos las historias de "niños lobos" o la historia de Tarzán. No se es humano del todo hasta que no se "convive con humanos".

La tarea del educador hoy día pasa por ayudar al joven a que se percate de que es un ser con otros seres, que eso siempre incluye al otro, que él mismo es un otro para los demás, y que parados sobre esta historia nos lanzamos hacia el futuro. Como afirma Benedetti, "El futuro es un puente a inaugurar". Cuando inauguramos un puente, conectamos dos espacios. Necesitamos conectar el espacio vital del alumno y su familia con el espacio vital del docente, el aula y el centro educativo. Debemos trabajar para confiar en esta posibilidad y hacerla real. Para tejer puentes que comuniquen, que oxigenen el aire y nos revitalicen por dentro y por fuera.

Familia y escuela

Hemos visto que la relación entre la escuela y la familia se ha deteriorado en las últimas décadas por múltiples factores. Los padres creen que la culpa es de los maestros y profesores y estos culpan a los padres de que el niño no entra educado al aula. Como dicen los filósofos "la verdad está en el medio", a todos nos corresponde hacer algo. Cada uno por su lado debe trabajar por acercarse al otro, ceder en lo que le corresponde y encontrarse para mejorar la educación. Partimos de esta base para poder cambiar la realidad. La crisis de autoridad que sufre la familia se ha hecho extensiva a la escuela; ambas instituciones comparten el mismo problema.

Es nuestra responsabilidad como sociedad sanar esta "tragedia educativa" y restaurar la alianza entre padres e institución educativa para que las funciones vuelvan a su lugar.

El proceso pasa por restaurar una figura de autoridad sana, tanto en la familia como en los centros educativos, para construir un mundo en el que cada uno sea líder de sí mismo y de los demás. Sin esta dimensión de la "figura paterna": los límites, la discriminación de lo que está bien y lo que está mal, el niño queda perdido y solo. Es entonces probable que cada vez que aparezca un "no" se rebele e intente transgredir.

Precisamos educar en conjunto, hacer consciente a padres y maestros, de que "todos somos educadores", en distinto espacio físico, pero somos educadores del mismo niño. Nos hace falta recuperar la complicidad implícita que antes había entre padres y docentes para educar en conjunto. Por la falta de comunicación o por opinar distinto, no educamos en la misma línea, y el niño aprovecha la situación y manipula para lograr lo que quiere. Es una época de conflicto y de crisis, que como tal debemos aprovechar para revisar nuestros roles y cambiar. Tanto padres como educadores están desorientados; debemos recuperar el camino.

Confianza

Parte de la recuperación pasa por restaurar la confianza mutua. Actualmente se desconfía de lo que pasa en la escuela y en la casa; se sufre de desconfianza mutua. Los padres no confían en la maestra y la maestra no confía en los padres. Ambos grupos se transmiten frecuentes quejas y señales de disconformidad, que aumentan la tensión. Muchas veces esto empeora cuando, por "miedo a los padres", al reclamo y a la quejas, los directores de escuela no favorecen los encuentros, charlas y talleres. Así, lo primero que hay que hacer es dejar el miedo para restaurar la confianza y la escucha. Si nos aislamos en el despacho del director, los padres aumentarán el disgusto y la queja y las demandas se trasladarán con más enojo hacia la maestra. Los directores, como los primeros líderes de la institución, deben confiar en los padres, llamar a reuniones, ser hábiles en convocar y hacer talleres psicoeducativos que harán que los padres trabajen más en casa en su rol y, por lo tanto, la maestra no se canse de hacer el "rol parental".

Para recuperar y fomentar la confianza, será fundamental la capacidad de diálogo, tener espacios para una comunicación afectiva y efectiva. Darse tiempo para hablar y escuchar ya que dialogar no es lo mismo que hacer catarsis mutuamente. Antes de generar el espacio de diálogo, reflexionar sobre lo que nos proponemos, para no quedarnos en etapas de catarsis en donde se puede herir y hacer daño por el alto contenido emocional y reactivo.

Pero frente a este planteamiento, he escuchado muchas veces a los directores afirmar: "Vienen siempre los mismos y los que no lo precisan". Frase de un director, cansado, fatigado, que no cree mucho en los resultados o teme que los padres no vengan. Es comprensible el cansancio del director, pero la verdad es que cuando se trabaja con los padres vemos que están ávidos de consejo, de guía y de apoyo, así como de encontrarse con otros padres e intercambiar. Por otro lado si vienen diez o veinte y son los mismos es porque lo precisan.

Pertenencia y motivación

Si esto es así, ¿por qué no van los demás padres? ¿Qué hace la institución para que los padres participen? O ¿para qué no participen? ¿Quiere realmente la institución que los padres participen?

El que no participen se debe a muchas causas. En general, la ausencia se puede explicar por la falta de "pertenencia" al centro educativo. Las "asociaciones de padres" tenían antes un lugar preponderante en la institución. Hoy día también las hay, pero muchas veces sus actividades corren en paralelo al discurso del director sin encontrarse. El individualismo de este mundo postmoderno, el pensar solo en mí, el estrés general, hace que lleguemos a casa cansados y que no tengamos ganas de salir a ninguna reunión de padres.

Esto ocurre en un contexto muy teñido por el estilo de vida, el no hacernos tiempo para detenernos y conversar. Conversar con otros padres, conversar con los maestros y, especialmente, conversar con los hijos. Las familias se sienten exigidas en responder a las "demandas" de la escuela, como deberes, pruebas, proyectos, trabajos. Los docentes se sienten a su vez exigidos para cumplir con el programa, cuidar los vínculos y llamar a los padres cuando es necesario. No se encuentra el sentido a esta exigencia y aparecen el estrés, la sospecha, la desconfianza mutua y el desgaste.

La desmotivación total y la apatía que, en general, viven las personas influyen en el ámbito educativo. La falta de sentido genera un desinterés en todo lo que se hace y baja las expectativas de cambiar el futuro. Genera la actitud de "ser vivido por la vida" y no la del protagonista que hace algo con lo que le pasa y construye así su futuro.

Invitación

Por otro lado, falta de parte de los centros educativos "estrategias de convocatoria", de marketing, saber invitar a los padres para que les resulte atractivo, luego de su trabajo diario, asistir a las reuniones de padres. El director y los docentes son los primeros que necesitan ayuda para volver a creer en lo que hacen, para luego convencer a los padres. La invitación a los padres tiene que ser a través de un título que atrape, para que salgan del estrés diario y digan "hay un taller en la escuela, tenemos que ir". Debemos insistir en eso, si se llama "Cómo poner límites", no va a venir nadie. Debemos ser creativos desde los centros educativos para llamar a la participación. Los padres están muy interesados en descifrar cómo ayudar a su hijo; están, al igual que todos, sumergidos en la rutina. Solo necesitamos descubrir la forma de generar ámbitos de encuentro en los que se salga de la desconfianza mutua y se comience a confiar, a entregarse y se viva el amor compartido que implica enseñar en comunidad. Cuando les décimos a los padres que los primeros educadores son ellos y de que institución y familia están del mismo lado, reaccionan con alivio, por un lado, pero, por otro, con miedo para cumplir con el rol.

Implicación

Otra de las razones de por qué los padres no participan, es porque sienten "despreocupados" en relación con lo que pasa en el aula. Mientras vengan "buenas notas" y no haya mayor alarma, no se preocupan del tema. Así, aparece una chance de intervención para los educadores, podemos, más allá de las buenas notas, hacer que se ocupen si mantenemos un diálogo fluido sobre el desarrollo del crecimiento del niño. Un padre despreocupado del todo es un padre que ha renunciado a su rol y nosotros precisamos que lo vuelva a asumir.

Encontramos, necesariamente, distintos niveles de implicación y preocupación. Hay familias preocupadas por la educación, otras más lejanas al tema o despreocupadas. Hay familias que se preocupan en demasía y otras ausentes totalmente, pero, en cualquier caso, la familia es siempre la primera implicada en el desarrollo del niño.

Siguiendo a Óscar González, una familia preocupada es una familia implicada en el proceso educativo de su hijo. La manera en que manifieste dicha preocupación dependerá de si esta implicación es positiva o negativa. Trabajamos para que las familias "despreocupadas" se impliquen y se ocupen un poco más y para que las familias que se preocupan en exceso se despreocupen y confíen. Este tipo de familia suele generar en el docente "asfixia" o desborde, ya que todo lo que hacen es mirado y analizado con lupa. Posiblemente quieran reunirse con el docente a cada rato, participar en exceso del proceso educativo dentro de la institución. El estrés exagerado o desproporcional puede anular la capacidad de "distanciamiento", la habilidad para tomar distancia de lo que nos pasa y cambiar de actitud. Si estoy muy cerca del hecho, no puedo reaccionar a tiempo y con libertad.

Las familias que se preocupan, en la justa medida, suman valor al proceso educativo, son líderes que llaman y convocan a otros padres a las reuniones y el centro educativo las considera un valor. Reciben con agrado cuando el docente debe hacer un señalamiento o un cambio. No suelen oponer resistencia a la palabra del docente. Son familias que se alían en el proceso y toman cada hecho educativo como una oportunidad para charlar y modificar conductas en casa. Compromiso es prometer con, es estar juntos en el proceso de crecer.

En las familias "despreocupadas" encontramos como característica principal que "delegan" el hecho educativo en la figura del docente, el psicólogo o el "experto de turno". No se sienten responsables ni protagonistas del proceso de educar. Al delegar la educación en la institución, delegan, sin darse cuenta, la responsabilidad. Por eso es probable que cuando surja una dificultad, se sientan víctimas y no protagonistas. La alianza implícita de estas familias suele ser entre el hijo y el padre, en oposición a la escuela y no junto con la escuela. El hijo capta esta alianza por los comentarios despectivos de los padres hacia el centro educativo o por la falta de apoyo a las actividades. Estos padres no educan ni dejan educar; inhabilitan al docente. Asumen que el maestro es el que tiene que educar, pero cuando interviene lo anulan. Esto se refleja en hechos concretos como no escuchar o no asistir a las reuniones para no tener que oír lo que no quieren oír o, simplemente, no reconocer la autoridad. Este estilo no suma valor, sino que hace que perdamos todos: pierde la familia, pierde el centro educativo de nutrirse del apoyo de una familia más y, sobre todo, pierde el alumno.

Cuando alguien a quien queremos nos dice algo, aunque no nos guste, lo escuchamos. Y este es parte del problema, los padres no quieren a quienes quieren a sus hijos y no los quieren porque no los conocen. Si los conocieran más, cambiarían la actitud "a la defensiva", por una actitud de respeto. Esto no quiere decir que los maestros tengan siempre la razón. Pero los niños necesitan que restauremos la palabra de autoridad del docente, quien será un referente afectivo para ellos. Así como muchos centros educativos hacen jornadas y campamentos para que se integren los alumnos entre sí, deberíamos incorporar jornadas para que los padres y los maestros se conocieran un poco más, distendidos en otro ambiente para poder dar crédito luego a su palabra y a su acción.

En suma, podemos decir con claridad que la responsabilidad educativa no es de la escuela en primera instancia. La escuela y sus docentes están siendo el primer agente socializador por la falta de educación a nivel intrafamiliar. La responsabilidad es una tarea compartida entre escuela y familia. Restaurar esta relación en confianza, en diálogo, en trabajo de equipo, se volverá clave para los procesos formativos del alumno, no solo en su desarrollo intelectual sino en el desarrollo de habilidades emocionales como la empatía, la asertividad, el liderazgo, la autonomía, la confianza. Todo esto con la finalidad de llegar a la comunidad y de formar personas que quieran cambiar la sociedad en la que vivimos. No queremos formar personas para que se "adapten" a la sociedad sino para que se conviertan en personas solidarias y comprometidas con su comunidad. En este sentido, es muy enriquecedor que los centros educativos tengan una estructura que permita la convocatoria a la comunidad, a los padres, a los vecinos.

Pedagogía de la exigencia

Jeremie Fontanieu[12] es un joven profesor de 25 años con solo tres años de experiencia docente. Se hizo conocido en Francia por su "pedagogía de la exigencia" que ha estado poniendo en práctica con estudiantes del liceo Eugene Delacroix en la localidad de Dranc, una zona desfavorecida del Gran París. Su estilo es exigente, demanda esfuerzo a los alumnos y la realización de evaluaciones periódicas. Él considera que presionar a los alumnos no es autoritarismo, pues se puso como meta que sus alumnos aprobaran el bachillerato. Su intento es luchar para que no se cumpla la lógica que condena al pobre al fracaso escolar y revertir los determinismos sociales. "En la facultad descubro el mundo escolar a través de Bourdieu, pero luego me vuelvo profe y veo que tiene razón pero yo me digo: el mundo es como es, ¿lo acepto? Yo quiero una escuela que recupere su rol de ascensor social" comenta Fontanieu.

Este profesor reconoce la desigualdad social y la discriminación pero se pregunta qué hacemos y qué podemos hacer: pone énfasis en la responsabilidad individual del docente y de sus alumnos. En estos liceos se constata el abandono, la resignación y el fatalismo que condena a los alumnos desde el principio, logrando así que no se motiven para estudiar, renunciando a sus potencialidades. Si sumado a ese fatalismo, el joven se encuentra con autoridades y docentes que tampoco quieren presionar para que estudien, se cierra el círculo del fatalismo. "Yo creo que no puedo y sé que vos también lo creés". Ya está, no hay nada para hacer. Sin embargo, Fontanieu sostiene que el trabajo del docente es "torcer el brazo" a los determinismos sociales. "Estos chicos no

---

12. Claudia Peiró, " 'Pedagogía de la exigencia': el método que lanza a la fama a un joven profesor". Disponible en: http://www.infobae.com/2014/03/22/1552096-pedagogia-la-exigencia-el-metodo-que-lanza-la-fama-un-joven-profesor.

tienen método ni disciplina de estudio, pero no es sorprendente, tampoco yo lo tenía a su edad. Pero yo vengo de un medio burgués, hice Ciencias Políticas porque pude ir a una preparatoria paga. En este barrio, o llegan por la escuela o les será muy difícil".

Él está convencido de que el bachillerato es accesible a todos, pese al entorno desmotivador, violencia verbal, bullying y falta de respeto. La propuesta de Jeremie Fontanieu no es mágica, él dice "mano dura" con cariño. Se trata de que trabajen. Tolerancia cero a toda indisciplina, pruebas semanales, no se regala la nota. Si un alumno tiene un bajo rendimiento, él llama a los padres y les pide que tomen medidas o que le quiten el celular. Si no hay padres en el hogar, él mismo se encarga de realizar el seguimiento semanal de los aprendizajes. "Soy pragmático, no tengo ideología. Les meto presión a los alumnos, grito, llamo a los padres –dice sin prurito–. Una calificación dura, semanal, un punto descontado por cada respuesta incorrecta: eso funciona como electroshock para alumnos acostumbrados a zafar con una nota media. Al cabo de un tiempo, si no estudian, les pido a los padres que los priven de salida un fin de semana o que les quiten el celular".

Me he sentido muy identificado con este profesor porque, salvando las diferencias, me descubro en ese mismo rol de "motivador". Y creo que los docentes que lean estas páginas, también les pasará lo mismo. Es por esto que tanto hemos insistido en que "motivar desmotivados, desmotiva", sostener a los docentes se hace clave para que no decaigan y para que recuperen la energía y la rebeldía que Fontanieu nos recuerda. Muchos nos dicen en los talleres: "Yo era así antes. Tenía más energía. Ahora me cansé, ya no me esfuerzo más". ¡No podemos dejar que los profesores se entreguen!

Esta postura activa y protagonista de Fontanieu puede parecer que infantiliza al niño, que ya son adultos, que tienen diecisiete años. Pero él insiste en que son niños, irresponsables y que no se esfuerzan. Para conquistar la autonomía deben tener un profesor que pueda parecer un padre, pero que luego se aparte de ese rol cuando el joven logre sus metas.

El joven profesor confiesa que al principio tenía reputación de dictador, pero que luego comenzaron poco a poco a interiorizar la norma y tomarle el gusto al ver los resultados. Su disciplina no se refiere solo al estudio, no tolera clanes ni agresiones verbales. El lenguaje es un síntoma de su relación con el mundo y con los otros. Ese lenguaje les puede cerrar puertas ya que refuerza los clichés que la sociedad tiene de los jóvenes provenientes de barrios humildes. Cambiar el lenguaje es cambiar el mundo y es animarse a decirse a sí mismo algo distinto: "no estoy condenado, puedo hacer algo para salir de la pobreza, puedo estudiar, puedo crecer como persona, alguien cree en mí, hay esperanza".

Esta experiencia del profesor francés la relato como un breve homenaje a tantos docentes, maestros, profesores anónimos que recorren nuestro país, trabajando a toda hora, para contagiar alegría y entusiasmo, creer que se puede salir de las condenas sociales a las que parecen estar determinados. No tener miedo a exigir es, en el fondo, la prueba de amor más fuerte, le estoy diciendo al otro: "Te valoro como persona, tú puedes dar más de lo que estás dando". Y así, con ese gesto de amor, caminar hacia lo que cada uno pueda según sus capacidades cognitivas, afectivas, espirituales.

La enseñanza presupone un docente optimista que cree en lo que hace, que se rebela contra los determinismos y se anima a construir en cada aula, cada cuarenta minutos, un espacio de conquista de los sueños.

¿Ser un profesor exigente o simpático?

En el artículo "¿Por qué los profesores "duros" son mejores que los permisivos?", publicado en *El Observador* el 1° de octubre de 2013, Joanne Lipman expone ocho conclusiones a las que llegó revisando distintos estudios que relacionan la exigencia del docente con resultados de los alumnos. Veamos algunos de los elementos fundamentales.

Un maestro que realiza críticas constructivas, incluso dolorosas es preferido por los estudiantes (de diversas ramas de la educación, desde aprendizaje de música hasta videojuegos) que tenían alto rendimiento. Observaron que estos maestros poco simpáticos pero exigentes, los hacían llegar a mejores resultados. El docente exigente entiende que sus alumnos tienen potencial para realizar muy buenos trabajos y la tarea del docente es guiarlos para que lo logren; desarrollar el potencial interior gracias a la confianza. Si el profesor es "amigable" en demasía, quizás no logre sacar lo mejor de ellos. Esto no quiere decir que quienes tratan "amigablemente" a sus alumnos no crean en su potencial, solo que el estilo de vínculo (amigable, pasivo, de alabanza fácil), no hace que el alumno lo valore o quizás se asocia con pérdida de autoridad del docente.

El profesor de psicología Mark Seery realizó una evaluación con varios estudiantes para investigar la relación entre estrés y resistencia. Encontró que aquellos niños que han lidiado en su vida con situaciones negativas son más propensos a tener mayor resistencia general. Ya vimos las ventajas de haber vivido una infancia difícil, pues nos templa el carácter y el alma para enfrentar las dificultades inevitables de la vida.

Sin duda, una buena relación entre alumno y docente es clave para luego sostener un estilo exigente sin ser agresivo o dominante. Cuando el alumno capta que el docente está dejando todo por su aprendizaje, entiende que esta exigencia es parte del proceso. Si no se da una buena empatía, por supuesto que pueden vivirse estas características como negativas, lo cual produciría malos resultados.

Otro elemento, relacionado con los anteriores, es que los buenos profesores pocas veces alaban o premian a sus alumnos. Carol Dweck, profesora de psicología de Standord, llegó a la conclusión de que cuando se le dice, por ejemplo, "eres muy inteligente", a la larga termina siendo más inseguro. En cambio, cuando se le valora "eres muy trabajador", el alumno se vuelve más seguro de sí mismo. Si el niño "inteligente" obtiene malos resultados, interpreta que dejó de ser inteligente y se frustra, en cambio si el niño relaciona fracaso con falta de perseverancia, el resultado negativo no implicará para él falta de capacidad para hacerlo y reforzará su confianza.

También se menciona el rol clave de la memoria en el aprendizaje y para eso es necesaria la práctica. En los últimos años se instaló la idea en padres y alumnos de que estudiar de memoria es negativo. Sin embargo, un estudio demostró que los estudiantes que vienen de culturas donde la memorización sigue siendo importante, adquieren mejores resultados en matemáticas que aquellos que no acostumbran a memorizar.

Al igual que la memoria, aparece la importancia de la perseverancia en objetivos a largo plazo. Para tener creatividad o para tener éxito, no hace falta una iluminación o un talento, sino constancia. No hay genios natos. Los grandes creativos trabajan duro cada día para lograr sus objetivos. Esto concuerda con lo que venimos planteando respecto a la importancia del esfuerzo. La perseverancia es un valor que habla de manejo del tiempo, tolerancia a la frustración, estudio y preparación. El optimismo es una herramienta clave para el desarrollo de la perseverancia, ya que afirma la investigadora, el profesor optimista obtiene mejores resultados de parte de sus alumnos.

Finalmente, destacamos que los alumnos que aprenden sabiendo que "pueden equivocarse" logran mejores resultados. En el apartado "Estilo perfeccionista", trabajamos la importancia de asumir el error como parte de la vida, quien no arriesga no se equivoca.

Haciendo un Jubilar en tu escuela

> En otro tiempo, a un niño pequeño lo edu-
> caban hasta los vecinos. Nadie se lo tomaba
> a mal. Hace falta la tribu entera para educar
> al niño.
>
> Arturo Pérez-Reverte

El Liceo Jubilar es uno de los primeros liceos gratuitos de gestión privada que lleva adelante su tarea educativa en un barrio de contexto crítico en Uruguay. Esta propuesta educativa surge a instancia de la preocupación de los vecinos del barrio por la dificultad que tenían sus hijos adolescentes para continuar con sus estudios.

En estos años se han sumado el Liceo Impulso y el Centro Providencia, siguiendo en general el mismo modelo. Conozco el Liceo Jubilar, tuve la oportunidad de colaborar dando talleres para el equipo docente y para los padres. Es por esto que cuando leí el aporte de Alfredo Hernando[13], un educador español, que en su estadía en Uruguay visitó el Jubilar, me pareció un enfoque muy interesante para hacerlo conocer a los demás centros y aprender de las gestiones exitosas, creativas y estimulantes para todos.

Hernando realiza una propuesta que es un resumen de la pedagogía del Jubilar, la cual cree que puede extenderse a otros centros educativos. Muchas de estas propuestas quizás ya se están desarrollando y esto puede servir para reforzar lo que hacemos. Pero quizás haya aspectos nuevos que puedan llevarse a la práctica. En las páginas siguientes uso el título de la propuesta de este profesor y la amplío desarrollando otros conceptos.

1. Proyecto educativo. Muchas veces el diseño del proyecto educativo no se conoce o quedó encerrado en un escri-

---

13. Alfredo Hernando, "Hazte un jubilar en tu escuela". Disponible en: http://www.escuela21.org/hazte-un-jubilar-en-tu-escuela/.

213

torio. Conviene, además de sacarlo del cajón, rediseñar el proyecto y actualizarlo; sería muy bueno ampliar dicha participación e incluir a la comunidad. Dar la chance de que las familias y vecinos de la escuela puedan conocer el proyecto y sumar sus ideas. Quizás cuando se homenajee al fundador del colegio o el nombre de la escuela, se puede aprovechar esa semana para realizar actividades de coparticipación.

2. Reuniones coparticipativas. No siempre una charla dada por el director, maestra o profesional tiene que ser "unidireccional". Ampliar los encuentros con actividades similares a las que la maestra realiza en el aula con sus alumnos y así permitir a los padres pasar de la actitud pasiva de "escucha" a la activa de participar, hablar y comprometerse. Esta dinámica favorece la implicación de la familia, como hablamos en apartados anteriores, sacándola de la pasividad para poder escuchar su voz. El Prof. Alfredo H. Calvo sugiere que solo un tercio del tiempo de una reunión la lidere el tutor y que los otros dos tercios sea una dinámica participativa.

En mi experiencia en talleres con docentes y padres de todo el país, lo primero que uno observa son las ganas de participar y de ser escuchados. Luego uno puede sumar un aporte para la reflexión. Cuando el padre se siente escuchado, luego puede escuchar a los demás. Si no, es más factible que desarrolle una actitud combativa, reactiva.

3. Abrirse a la comunidad. La comunidad educativa no abarca solo a padres, alumnos y docentes de la escuela. Cada escuela está inserta en un barrio particular, con características determinadas. La escuela puede salir fortalecida apoyando el entorno y a su vez la comunidad puede verse retroalimentada con las tareas realizadas por el centro educativo, como actividades de voluntariado, invitando a profesionales a dar charlas o talleres de di-

versos temas que sumen al colectivo. Se puede pensar también en cómo vincular diversos temas de la currícula con el espacio sociocultural en el que está inserto el centro educativo.

4. La escuela es lo que los alumnos dicen de ella. ¡Sin duda! Me encanta este punto por la fuerza que transmite. Qué cosa linda que los alumnos hablen de la escuela y del liceo, que cuenten lo que viven allí y que lo quieran transmitir a los demás. Cuando uno vive con alegría no se encierra a gritar su emoción, no se oculta; la alegría se comparte, como cuando alguien se enamora, uno se alegra con la alegría del otro. Lo ideal es abrir las puertas para que los alumnos sean los que organicen una visita o que ellos mismos se encarguen de las redes sociales. Cuando se crean situaciones de participación real, el joven se siente realmente implicado y esto lo estimula y lo compromete afectivamente con su escuela y con su comunidad.

5. Hermano mayor. Llamen hermanos mayores a los exalumnos. ¿Dónde están? ¿Podrán venir a contarnos su historia? ¿Podrán colaborar en función de tutores o de guías para alumnos que lo precisan? Incorporar el legado de quienes ya han pasado por el centro de estudios puede ser una buena idea para ambos, tanto para el exalumno, que se sentirá feliz de poder sumar, como para quien recibe la tutoría o la charla de un alumno que vivió algo similar. De esta manera, también el centro educativo transmite el legado; se puede sumar en esta fase a los maestros recientemente jubilados que pueden sumar su aporte, su pasaje por la escuela.

6. Personalizar acuerdos. En este punto se intenta acordar un modelo de aprendizaje con base en los objetivos personales de cada alumno. Se puede hacer un bosquejo de acuerdo con metas a lograr por trimestre o semestre. Y luego reevaluar el proceso. Este modelo de acuerdos

sirve tanto para el alumno como para el docente que le ayuda a focalizar en cada uno de sus alumnos en particular.

7. Crear un modelo extracurricular. Estas serían todas las actividades extracurriculares que se realicen, que estén relacionadas con tópicos a trabajar fuera del aula. Es recomendable armar una lista de actividades donde quede claro y explícito la relación entre lo extra e intracurricular. Cada vez más se insiste en que lo aprendido fuera cobra relevancia y que lo "aprendido dentro del aula" no se aísle de la vida de la persona y esta pueda incorporar e interrelacionar lo aprendido. Las llamadas "salidas didácticas", al tener un denominador común, pueden y deben ayudar al proceso de aprendizaje. Todo docente sabe lo productivo que es ver a su alumno en otro entorno, le permite ver cómo se relaciona con los demás, su manejo de la expectativa, de la frustración.

8. Escuela abierta. Abrir todos los espacios, patios, biblioteca, pasillos para el encuentro con los demás. Generar expectativa y atracción para que los alumnos quieran estar el sábado de mañana para juegos recreativos, para salidas didácticas o para actividades de voluntariado.

9. Un gesto, un símbolo. Se propone resumir nuestra escuela en un gesto emocional, un abrazo, un símbolo que nos conecte con los demás. En general, se usan canciones e imágenes. Difundir este gesto hará que se la reconozca a la escuela por dentro y por fuera. Un gesto que sirva para destacar el aporte único y especial y que haga sentir orgullosos a los alumnos, a los docentes y al barrio, con buena autoestima y con ganas de seguir transformando personas y colectivos.

IV. DESAFÍOS, PROPUESTAS Y FUTURIDADES

Ser feliz es desear menos

Barry Schwartz, psicólogo norteamericano, autor del libro *La paradoja de la elección*, nos plantea un interesante análisis que afecta nuestras decisiones diarias y nuestra felicidad. Schwartz afirma que, en general, hemos crecido con la idea de que para garantizar nuestro bienestar debemos maximizar nuestra libertad. Si la gente tiene libertad podrá decidir, maximizando las elecciones: a más posibilidades para elegir, más libre será y más bienestar sentirá.

Hemos crecido con esta sensación, tanto en el supermercado a la hora de elegir una salsa, en la tienda a la hora de elegir un celular o una computadora, como en relación a temas más profundos. En todos los aspectos de la vida es cuestión de elegir. Antes había opciones, hoy en día hay muchas opciones; esto tiene sus aspectos positivos y negativos. Uno de los efectos negativos es que produce una parálisis (angustia patológica) en vez de liberación. Con tantas opciones, la gente no sabe qué elegir, entonces duda, piensa de nuevo, posterga y muchas veces, no decide.

Otro de los efectos es que luego de superar la parálisis y de elegir, termina menos satisfecho con el resultado que si hubiese tenido menos opciones para elegir. Esto se explica por lo siguiente: la alternativa que uno imagina mejor nos induce a lamentar por la decisión que tomamos y este remordimiento le resta capacidad de satisfacción a la decisión que tomamos, incluso aunque sea una muy buena opción. Cuantas más opciones tenemos, será más fácil

217

lamentarnos y tendremos más chance de decepcionarnos de lo que elegimos o quedar insatisfechos.

El valor de las cosas depende de con qué las comparamos. Schwartz pone el siguiente ejemplo: "Cuando la persona está trabajando, piensa que debería estar haciendo deporte; si está haciendo deporte, piensa que debería estar en su casa; cuando está en su casa piensa que debería estar en el trabajo". Nunca está donde está realmente, no está presente en el presente, no vive el momento. Este es el "costo de oportunidad".

Finalmente, está la llamada "escala de expectativas". Esto hace referencia a que nuestras expectativas respecto a un objeto que deseamos comprar aumentan dada la cantidad de opciones que tenemos. Cuando hay menos opciones, bajan las expectativas; cuando son muchas las opciones, las expectativas aumentan demasiado. En conclusión, compremos lo que compremos, no será perfecto y generará una emoción negativa. Agregar opciones a la vida incrementa las expectativas respecto de lo bueno de esas "posibles opciones" con lo cual aumenta el sufrimiento.

Hoy día con tantas expectativas y opciones, nunca recibimos una sorpresa placentera, porque nuestras expectativas son demasiado altas. Quizás el aumento de la depresión tenga que ver con este incremento de las expectativas. El secreto de la felicidad es tener bajas expectativas, ser feliz es desear menos, afirma Schwartz.

Siete llaves para abrir la puerta de la felicidad

Para abrir la puerta de la felicidad necesitamos siete llaves. Hemos hablado de frustrar todo el tiempo, pero en el fondo hemos hablado de la felicidad, hemos "abonado" el terreno para que, incluyendo las frustraciones diarias, podamos ser felices cada día que nos despertamos.

Un ejemplo de esto es la tira de Mafalda en la que esta va al cerrajero y le dice "Vengo a que me haga la llave de la felicidad".

El cerrajero le responde "Con mucho gusto, a ver el modelo" y Mafalda se va pensando "Astuto el viejito...". La verdad es que se precisa astucia para probar todas las llaves que nos lleven a la felicidad hoy día. Probemos estas llaves.

1. Ser flexible versus ser rígido.
2. Ser optimista versus ser pesimista.
3. Ser confiado versus ser miedoso.
4. Ser comprometido versus estar aislado.
5. Disfrute versus apatía.
6. Aprendizaje versus narcisismo.
7. Buscar el significado versus desesperanza.

Uniendo la logoterapia con los aportes de la psicología positiva podemos ver en esta lista un camino sobre el que avanza y en el que se nutre la felicidad de cada día; no es un objetivo a lograr sino un camino para descubrir y valorar.

Ser flexible versus ser rígido

La salud es flexible; la enfermedad nos rigidiza. Las personas flexibles logran incorporar mejor las situaciones difíciles. Hay estudios que afirman que la mujer soporta mejor el dolor que el hombre. Entre otras razones, la mujer sostiene mejor el dolor porque habla más de lo que le pasa, comenta con su pareja, su madre, su psicóloga y amigas lo que le pasa. Los hombres al hablar menos, nos tragamos el dolor y ello nos hace más vulnerables. La pena compartida es la mitad de la pena decía Antonio Machado. Pero salvando estas diferencias de género, la flexibilidad nos ayuda a crecer. La rigidez nos tranca y nos hace ver el mundo según opuestos "bien o mal", "nunca o siempre". La vara más dura se rompe más fácilmente y la vara más blanda logra encorvarse sin romperse, con lo cual amplía su capacidad de resistencia.

La flexibilidad ayuda a aceptar lo que se debe cambiar, para adaptarse a la sociedad de hoy sin abandonar los valores y principios. La flexibilidad sirve para pedir ayuda a los colegas, maestros, padres, amigos; armar grupos de discusión para contrastar nuestra postura con la de otros. Ser flexible es amar mis imperfecciones y es tener capacidad para incorporar. El rígido parece seguro, pero en el fondo puede ser soberbia y falta de humildad para aceptar el cambio; puede ser una defensa que le impide decir "tienes razón". Por eso las personas rígidas sufren mucho, incluso se enferman como una señal del alma que le dice: "escucha tu cuerpo" que es lo mismo que decir "escucha tu alma".

Ser optimista versus ser pesimista

"Nadie sigue a un triste" afirma Juan García en su libro *Somos lo que hacemos*. Este autor aplica esta máxima a la dinámica laboral, pero también es extrapolable a otros ámbitos vitales. ¿Podemos contagiar entusiasmo si como padres/educadores/directos estamos tristes? ¿Puede un docente pesimista contagiar la alegría de aprender? Lo cual no quita que si está triste o agotado pueda restaurarse en privado; pero vimos que a la hora de entrar a casa o al aula debemos dejar el pesimismo afuera.

Hemos destacado en estas páginas la importancia de seguir siendo optimistas. Especialmente frente al pesimismo que reina muchas veces en las casas, en las escuelas y liceos. En psicología positiva se hace un ejercicio sencillo que consiste en focalizar antes de dormirse, en tres cosas positivas que la persona vivió ese día. Quizás la persona sea muy negativa y piensa que todo le sale mal, pero el realizar este ejercicio le "obliga" a verbalizar y, por lo tanto, focalizar en lo positivo e importante que vivió, a pesar de que le haya ido mal.

El optimismo es necesario en la educación de los hijos y alumnos, un optimismo sólido, fuerte que cree en las posibilidades del otro. No un "optimismo light" o superficial.

Ser confiado versus ser miedoso

Hemos trabajado en estas páginas la confianza como herramienta para vencer el miedo. Hemos dicho que debemos educar sin culpa y sin miedo, y para ello es necesario confiar. Le pasa al hijo cuando debe irse de casa, nos pasó a nosotros como padres, también. Crecer es separarse. Si nos gana el miedo, nos gana la desconfianza. Y si gana la desconfianza, gana la parálisis, tanto a nivel afectivo como en acciones concretas. El que educa se la juega, se regala y se entrega.

Ser comprometido versus estar aislado

Cuando hablamos de compromiso, nos referimos a los hechos concretos que nutren la educación diaria de hijos y alumnos. Me comprometo cuando digo que sí, cuando digo "te quiero" y también cuando digo "no", cuando pongo límites a tiempo. El compromiso me involucra con mis hijos, con mi pareja, con los amigos de mis hijos y con los docentes, en suma, con la comunidad. El opuesto es el aislamiento y el quedar aislados educando solo. El que se aísla, se lava las manos y no se compromete, no promete con el otro poder educar. El aislarse nos lleva a no escuchar al otro (pareja, hijo, docente) y, entonces, nos anulamos, nos encerramos para no escuchar.

Disfrute versus apatía

Hemos profundizado en la influencia directa, no solo en el clima familiar sino en el rendimiento académico, del hecho de que los adultos disfrutemos de la vida, de que podamos destacar cada día lo que vivimos de positivo y disfrutar de nuestros sentidos, del aire, de la naturaleza, de los vínculos, del trabajo y de la tarea cotidiana. No hay motivador mejor para un hijo o alumno que estar con un adulto que le contagia las ganas de vivir y la felicidad.

En los últimos años me ha dado por sacar fotos de amaneceres. Tengo la suerte de vivir en un lugar en el que, al salir de casa cada mañana, veo el amanecer. Primer milagro del día: ha amanecido, luego podemos ir contando los milagros que siguen, manejar, andar en bicicleta, ir al trabajo, acompañar a los hijos en su crecimiento, culminar la jornada. Haga la prueba de "contar los milagros" diarios que nos permiten disfrutar del día y salir de la apatía.

Aprendizaje versus narcisismo

Siempre estamos a tiempo para aprender y para cambiar. Nadie nació sabiendo cómo ser padre, dice la gente. El tema es que ahora nadie quiere consultar para cambiar, sino que se consulta para renunciar al rol o para quedar así como estamos. Narciso se queda obnubilado frente a la imagen del espejo y no sale de sí mismo. El aprender implica siempre estar dispuesto al cambio.

Buscar el sentido versus desesperanza

El sentido es lo que nos motiva cada día, para levantarnos y realizar nuestras tareas cotidianas. Muchas veces el sentido no se ve, no se percibe ni se capta, pero la esperanza en el fondo nos mantiene con ánimo. Nos desanima no saber hacia a dónde vamos, si vamos solos y si no confiamos. El sentido de educar es guiar; el sentido se contagia cuando estamos unidos tratando de dar lo mejor de nosotros. Si la desesperanza nos atrapa, caemos en la apatía, el desinterés, la rutina y la tristeza. Educar es confiar, tener esperanza en el futuro y en el sentido que late detrás de cada decisión plena.

Mostrar, no demostrar

No quiero convencer a nadie de nada. Tratar de convencer a otra persona es indecoroso, es atentar contra su libertad de pensar, creer, hacer lo que le dé la gana. Yo quiero solo enseñar, dar a conocer, mostrar, no demostrar. Que cada uno llegue a la verdad por sus propios pasos y que nadie le llame equivocado o limitado. (¿Quién es quién para decir "esto es así", si la historia de la humanidad no es más que una historia de contradicciones y de tanteos y de búsquedas?).

Si a alguien he de convencer algún día, ese alguien ha de ser yo mismo. Convencerme de que no vale la pena llorar, ni afligirse, ni pensar en la muerte. La vejez y la enfermedad no son más que la muerte y la muerte es inevitable, tan inevitable como el nacimiento. Lo bueno es vivir del mejor modo posible. Peleando, lastimando, acariciando, soñando. Siempre se vive del mejor modo posible.

Mientras yo no pueda respirar bajo el agua, o volar (pero de verdad volar, yo solo, con mis brazos), tendrá que gustarme caminar sobre la tierra, y ser hombre, no pez ni ave.
No tengo ningún deseo que me digan que la luna es diferente a mis sueños.

Jaime Sabines

Premisas para recuperar la autoridad
(con amor y humor)

Reformulación de los diez mandamientos de John Rosemond.

1. Todo niño tiene la obligación de escuchar varias veces al día que su padre o su madre le digan que no, con voz firme y segura, sin explicar nada más ni aclarar (Madre/padre: delegue en el padre o madre dicha tarea si usted ve que va a flaquear). Solo debe decir no. Todo padre tiene derecho a ir al baño y llorar con ganas luego de haber pronunciado el no, hasta 5 minutos, luego se seca las lágrimas y sale con ánimo a mantener su palabra y a continuar la jornada con coraje y perseverancia.

2. Todo niño tiene derecho a crecer sabiendo que sus padres no están para hacerles la vida ni más fácil, ni más mágica, ni más feliz. La infancia ya es mágica y feliz en sí misma. No la arruine usted insistiendo. Solo deje que el niño la descubra y la viva.

3. Los niños tienen el derecho de protestar sobre lo que los padres han decidido, solo protestar, y los padres tienen la obligación de lidiar con esas protestas lo mejor que puedan, apoyándose mutuamente, turnándose en ser los receptivos de dicha protesta. Las últimas investigaciones provenientes de EE UU (ironía, no buscar nada en web), afirman que en promedio, las protestas duran entre 5 y 8 minutos (ocasionalmente las acompañan berrinches o llantos según edad del infante, adolescente o joven), luego disminuyen, siempre y cuando los padres se mantengan firmes.

4. Los niños pueden darse cuenta de que los padres se preocupan por ellos pero no demasiado; los padres no deben

aclarar cuánto se preocupa delante de sus hijos. Si se dan cuenta de que la preocupación es fuerte, entonces tomarán este hecho como una linda oportunidad para aferrarse con ganas a la protesta y así seguirán luego insistiendo cada día para que su deseo sea más fuerte. No se rinda, es difícil, no afloje. Después de los 25 años, las protestas serán otras.

5. Los hijos tienen derecho a escuchar de boca de sus padres "porque yo lo digo", sin explicar más, sin estresarse, sin desvivirse en palabrerío que en el fondo es un intento vano de mitigar la culpa. También puede incluir la variante "porque soy tu padre o madre", "porque en esta casa mandamos los padres" u otras del estilo. Consulte a los abuelos del niño, aportarán palabras pasadas de moda que haremos bien en reciclar. Por ejemplo, "Papá, ¿me podés comprar un celular nuevo? Vemos el mes que viene...".

6. Los padres tienen derecho a educar a sus hijos enseñándoles a compartir las actividades domésticas según su edad. Sin culpa y sin premiaciones, se les puede enseñar a realizar tareas tales como: hacer sus camas, poner la mesa, lavar los platos o barrer. Es importante no recompensar con dinero dichas tareas.

7. Todo niño tiene la obligación de saber que para sus padres, la pareja es más importante que los hijos. Los pueden querer mucho, pero es un diferente querer. En el caso de familia monoparental, tienen derecho a que su madre o padre tenga otros intereses y que postergue satisfacer la demanda de sus hijos con la finalidad de educarlos y de cuidarse a sí misma.

8. Los padres enseñarán a sus hijos a ser agradecidos por lo que reciben, lo mismo los educadores en el aula. Tienen derecho a recibir lo que es necesario para su formación y para su educación. Todo capricho que se satisface, pierde el niño y pierde el padre.

9. Todo niño debe aprender que la familia y la escuela no son una democracia. No habrá elecciones ni "balotaje" para elegir al padre, a la madre o al director/a de la escuela. Tampoco puede elegir la pareja del padre o de la madre, maestra, etc.

10. Todo niño tiene derecho a ser querido y aceptado como es para que pueda disfrutar de todos los derechos anteriores.

11. Todo niño tiene el derecho de enojarse con sus padres cuando le saquen el "colchón" y sufra el "chichón". Todo padre tiene el deber de no enojarse con su hijo, porque los colchones siempre aguantan el golpe a corto plazo, pero a largo plazo el chichón incorporado los hará fuertes, habrán incorporado las frustraciones diarias y podrán vivir plenamente tanto sus alegrías como sus dolores.

Compromiso del director

Me comprometo a:

1. Contagiar optimismo y entusiasmo a mi equipo directivo, a los docentes y a los alumnos. Me doy permiso para liderar con alegría.

2. A hacer todo lo que esté a mi alcance para restaurar la alianza educativa entre padres y educadores, organizando charlas, talleres y actividades, y convocando, una y otra vez, sin darme por vencido.

3. A no echarle la culpa a los padres por "entregar" el niño sin educar.

4. A pedir ayuda a mis colegas o profesionales externos para gestionar y organizar mejor a las personas que comparten la comunidad educativa si estoy cansado con mi tarea.

5. A estar formado y actualizado en los diferentes enfoques actuales de gestión de personas, actualización académica y temas de actualidad para los alumnos y docentes.

6. A motivar más allá de lo económico, haciendo que cada educador y docente se sienta creativo, dinámico, que pueda aportar lo que él sabe (maestría), que pueda sentirse libre y, por lo tanto, responsable (autonomía) y que capte el sentido de la tarea que le toca realizar (sentido).

7. A fomentar en los miembros de dicha comunidad la libertad y responsabilidad para con su tarea. Que cada participante se sienta que elige su trabajo cada día y no trabaje "a la defensiva" u obligado.

8. A promover las coordinaciones entre los diversos actores, padres, educadores, técnicos, con la finalidad de educar en comunidad y realizar actividades en conjunto. A tratar de establecer una buena relación con mi equipo en la

que haya autoridad, pero con empatía, escucha y diálogo permanente.

9. A estar atento a lo que podemos sumar como colectivo al barrio o ciudad en el que esté ubicado el centro educativo. No aislarse del contexto y sumar con propuestas creativas y útiles para todos.

10. A ser conciliador frente a los diversos conflictos que van a surgir; ser proactivo y no reactivo. Establecer mecanismos de participación, para tomar decisiones adecuadas para el entorno laboral y social. No hay que tener miedo de tomar decisiones.

Compromiso de los padres

Los abajo firmantes, padres de la criatura que entregamos diariamente a este centro educativo, afirmamos en pleno uso de nuestras facultades que:

1. Reconocemos que la escuela sabe lo que nosotros no sabemos y no intentaremos suplir dicho saber.
2. Reconocemos que el niño debe ingresar educado al aula. Para garantizar esto, aceptamos concurrir a todos los talleres que se brinden para que nos ayuden a desempeñar bien nuestro rol de padres y poder así crecer en las actitudes que nos hacen falta para educarlo antes de que entre a la escuela, e incluso cuando sale de la escuela seguir educándolo.
3. Reconocemos que el director de la escuela es la autoridad de la institución educativa.
4. Reconocemos que la maestra es la autoridad en el aula y estamos dispuestos a colaborar con ella en todo lo que esté a nuestro alcance.
5. Aceptaremos con dolor pero con humildad que nuestro hijo no es "divino" cada vez que nos citen y nos comprometemos a amar su humanidad y a no enojarnos cuando nos llamen para conversar sobre la evolución de sus aprendizajes, cognitivos, emocionales, intelectuales, sociales.
6. Reconocemos que el centro educativo no tiene la obligación de hacer feliz o divertido el aprendizaje de nuestros niños.
7. Reconocemos que las autoridades de la institución tienen derecho a no llamar a la emergencia móvil en el caso de que el chichón sea claro y visible y que el niño "llore sin lágrimas". (Se llamará si llora mucho, no se preocupen...).

También tienen derecho a contener el dolor en el propio centro educativo antes de llamar a los padres.

8. En suma, agradecemos tener la chance de educar a nuestro hijo en un ambiente humano, donde forma parte de una comunidad educativa.

9. Brindamos hoy por un buen año para todos, lleno de alegrías y de sufrimientos que sin duda harán que este año lectivo sea pleno de sentido para todos.

Firma
Padre/madre o tutor

Compromiso del docente

Como docente de esta institución educativa, me comprometo a:

1. Salir de casa motivado. No espero ser motivado por el centro educativo. Es más, estoy casi seguro de que colegas y alumnos harán todo lo posible por desmotivarme. ¡No lo lograrán!
2. Estoy dispuesto a trabajar a pesar de que los niños y padres me desmotiven.
3. A dar lo mejor de m. cada día, según mis capacidades y formación permanente para llegar vivo y presente al aula, dejando el pesimismo afuera.
4. A no enojarme con los padres por no entregar al niño educado.
5. A no proyectar emociones negativas en el alumno, si con los padres la relación no es muy buena.
6. A identificar en mí lo que genera esas emociones y trabajarlas con quien me indiquen, si ello entorpece mi trabajo diario.
7. Asumo que el alumno no entra educado al aula (por ahora), por lo tanto me esforzaré en educarlo mientras doy mi materia.
8. A no enojarme con el niño por no estar educado y educarlo con amor, con dedicación y con firmeza.
9. A trabajar en conjunto con los padres para que el niño salga educado al final de los seis años (escolares y/o liceales).
10. A inventar talleres y actividades con padres según los tópicos de interés con la finalidad de que se sientan integrados al proceso.

11. A que mi vida fuera del centro educativo, me ayude a entrar al aula optimista.

12. A armar una rutina de trabajo que deje horas para el descanso, la sana alimentación, el ejercicio y el cuidado de mis vínculos.

13. A llenarme de amor para hospedar los dolores que los niños traen.

14. A no enojarme con mis compañeros de trabajo cuando los vea cansados y fatigados, y daré lo mejor de mí para ayudarlos cuando los vea desmotivados.

Dicho compromiso vale solo por un año. Al inicio del año siguiente conviene sentarse de nuevo con el director de la escuela y/o liceo y renovar cada ítem y volver a firmar.

Carta para un docente fatigado

Estimado amigo, amiga:

Sé que estás cansada/o, que no das abasto con los chicos en clase, no prestan atención. Es difícil o tarea imposible convocar a los padres para que te apoyen en un trabajo grupal. Sé que también tienes tu vida personal, que ya llegas agotado o triste a tu escuela, sé también que los chicos te renuevan la energía y te confirman tu vocación, pero pasa el año y la fatiga te tira abajo, pedís licencia, tratas de estirar las vacaciones, ¿por qué las vacaciones nunca son suficientes?

Pero quiero decirte algo hoy, soy docente también, conozco ese cansancio, pero con la vida que nuestros alumnos llevan hoy, se hace urgente que seamos optimistas, que no decaiga nuestra esperanza. No se puede educar sin esperanza, sin la esperanza de que estos jóvenes sean personas que pueden cambiar nuestra sociedad y el mundo.

Te pido paciencia, calma, te pido que tu familia sea más importante que tu trabajo, que no dejes que te absorba el trabajo, que no te "chupen lo mejor de vos", que elijas libremente dar lo mejor de ti cada día. Si logras restaurarte afectivamente en tu familia, tus amigos, el deporte, actividades creativas, lograrás entonces llegar al otro día al aula con ganas de enseñar y con entusiasmo. Suelo preguntarles a los alumnos de distintas instituciones: "¿cuántos profes optimistas tienen"? Siempre me responden "uno", a lo sumo dos. Por eso te escribo esta carta, para que seas ese uno y para que también contagies a tu colega el optimismo, pecado posmoderno. "Se buscan docentes optimistas". Si logramos contagiar una cadena de optimismo, lograremos que presten más atención, recuperaremos nuestra autoridad en el aula, los alumnos les contarán a sus padres lo que hicimos con ellos y los convocarán para que vengan a la clase abierta. No hay mejor marketing que un niño entusiasmado.

Te pido humildad. Humildad viene del latín, *humus*, tierra, quiere decir estar con los pies en la tierra. Sabemos que los alumnos no entran educados al aula y que debemos educarlos. Entonces, aceptar esto y poder formarnos para educarlos. Claro está que también lucharemos para que los padres asistan a talleres y charlas. Pero, mientras tanto, debemos hacer de padre y de madre, no nos queda otra, es la sociedad que nos tocó. Trabajamos para que no nos precisen como padres, para que ellos sean autónomos y responsables.

Sé que estás cansado, yo también lo estoy y muchas veces me pregunto ¿para qué? y siempre cae en el momento justo un mail o un saludo de un exalumno que me dice y te dice "Gracias Profe, nos acordamos de usted. Gracias por lo que nos enseñó". Porque a pesar de todo esto, ellos aprenden y nosotros transmitimos más con nuestra actitud que con los contenidos.

Te pido coraje para complicarles la vida, no se la hagas fácil, tampoco a los padres, llámalos todo lo que puedas, que se sientan culpables porque no asisten a las reuniones. Al final van a asistir.

Te pido flexibilidad para asumir el tiempo que vivimos, para ajustarnos a las tecnologías actuales, pero no decaer ante la presencia del vínculo y del abrazo.

Te pido compromiso, sé que lo tienes, te pido entonces renovar el compromiso, contigo mismo cuando años atrás quisiste ser maestro o docentes. Te pido recuerdes por quién te hiciste maestro/a. ¿Quién te inspiró o quiénes? Te pido recuerdes qué cualidades tenía este profe o maestra que te inspiró para que tú puedas hoy transmitirlas a las futuras generaciones. ¡A ti te están mirando hoy! Esos niños te están mirando y están pensando "Cuando sea grande, quiero ser maestra también".

Te pido confianza, ten fe, no te desesperes.

Te pido calma, tómate tu tiempo para respirar, para salir, para renovarte.

Te pido alegría. Sé que es difícil, pero te pido que eduques con alegría.

Y ahora solo me queda después de tantos pedidos, darte las gracias por seguir, por perseverar, por rezongar, por atar cordones, por pedir, por reclamar, por soñar que se puede. Gracias.

Talleres para padres

Optimismo y entusiasmo: talleres para padres fatigados

¿Por qué talleres para padres? Presentamos la esencia de estos talleres que venimos desarrollando desde el CELAE desde hace varios años. Dichos talleres se han realizado en diversos centros educativos de Montevideo e interior del país. Esta es el material base para que cada profesional (docente, maestro, psicólogo) tenga la libertad de realizar los cambios que estime pertinentes, según la situación de su escuela o asistentes.

Estos talleres nacen de la necesidad de incorporar a los padres a la institución; no solo de dar charlas que son buenas y necesarias pero que muchas veces no son suficientes para que operen los cambios que esperamos. Me parece necesario y urgente que el psicólogo institucional más allá de las horas de trabajo individual con los alumnos, dedique horas a lo grupal y a los talleres para padres.

Hemos realizado estos talleres para todos los padres de un centro educativo, con una convocatoria amplia, y luego los hemos realizados también por edades. Por ejemplo, para padres con hijos en maternal hasta 2º de escuela, luego para padres de 3º a 6º de escuela; otro grupo de padres de 1º a 3º liceo y padres de 4º a 6º. Esta segunda opción permite que los padres se conozcan más y se trabaje sobre los temas específicos de sus edades. Lo ideal es que los grupos no sean de más de treinta personas.

Cada vez son más frecuentes las agresiones a docentes por parte de padres y/o alumnos de centros educativos. Cuando no son agresiones físicas, son más indirectas, indiferencia, falta de colaboración o agresiones verbales. Pensamos que estos talleres, fruto de las reflexiones de este libro, intentan rescatar la alianza que se perdió entre padres y educadores para educar al hijo. De esta manera, se unen estos dos actores para realizar encuentros que puedan estar coordinados por técnicos externos o de la propia institución.

Por otro lado, también se hacen necesarios los talleres para docentes con el objetivo de reforzar el entusiasmo y el optimismo por su tarea cotidiana. Tarea que, según lo que hemos observado, los tiene desgastados, desmotivados; desgaste que luego se ve reflejado en las licencias por enfermedad.

Taller amanecer

Salir de casa para amar afuera

En este primer encuentro se aborda el proyecto de vida en pareja, se trabajará sobre la dinámica de comunicación afectiva. Antes del rol como padre o madre, abordamos lo que somos como pareja y personas. Antes de abordar lo que deberíamos hacer, es bueno reflexionar sobre lo que somos y cuál es nuestra base para poder educar. En este primer taller, la idea es profundizar sobre los siguientes temas: sentido del amor e intimidad afectiva vs fobia a la intimidad.

Se abordan las bases psicológicas sanas para poder luego sostener el proceso de educación de los hijos:

- La familia como "comunidad de vida": familias típicas (padre, madre e hijos), familias monoparentales y/o ensambladas.
- Amar es soportar la insoportabilidad del otro.
- Aceptar, comprender, elegir.
- Salir de casa para "amar afuera".

En el caso de madres o padres solos, se los invita a pensar en quiénes son esos "otros" presentes en su vida, con quiénes interactúan, quiénes les ayudan a educar a sus hijos. Muchos asisten con sus exparejas y eso, sin duda, favorece el desarrollo de cualidades para la crianza de los hijos.

En este taller se propone como ejercicio analizar la canción "La trama y el desenlace" de Jorge Drexler.

El ejercicio se desarrolla siguiendo esta secuencia:

- Se analiza la letra de la canción, se reflexiona sobre qué me dice la canción. ¿Con quién voy caminando? ¿Por qué he perdido el paso? ¿Quién me ayuda en el camino? ¿Qué quiere decir "amar la trama y no el desenlace"? Se trata de

238

poner énfasis en que "el reloj de arena de la pena, pare, se despedace". La canción es para motivar y para detener las penas diarias que nos tiran atrás para recuperar el amor por la trama.

- Se introducen los ejes temáticos del taller: la pareja, el amor, los vínculos. Amar implica aceptar al otro, aceptar las diferencias. El que ama suelta, el que retiene, asfixia. Se reflexiona luego con preguntas solo para la pareja. Por ejemplo, ¿cómo te sientes conmigo? ¿Respiramos juntos o nos asfixiamos? ¿En qué he crecido desde que estoy contigo? ¿Me sigo sintiendo libre? ¿En qué aspectos no? ¿Cómo es nuestra vida sexual? ¿En qué aspectos somos insoportables? Son preguntas fuertes, directo al corazón. Esto se valora y se aprovecha por la pareja que dice casi siempre que no tiene tiempo (no se hacen tiempo) para conversar. Luego se va poniendo en común cómo se sintió cada pareja conversando. No hay por qué revelar el contenido íntimo de la charla, aunque en grupos donde se conocen, se puede hacer.
- Breve meditación en silencio en grupo, para incorporar lo vivido y lo trabajado.
- Se puede cerrar con la canción "Sinceramente tuyo" de Serrat y entregando la letra de la misma o se puede cerrar con un breve resumen de los tópicos del taller. O una selección de las frases más importantes.

Taller despertares

Menos colchones y más chichones

En este segundo encuentro se propone trabajar los roles paternos y maternos; cómo ser padre y madre hoy en día.

Se trabajará sobre las "ventajas de haber vivido una infancia difícil", las bases de la resiliencia familiar, violencia doméstica, masculinidad tóxica, madres vestales, crisis de la figura paterna, cómo poner límites que fortalezcan a los hijos, claves para que los hijos se aburran, el vacío fértil, el aceptar el temperamento de nuestros hijos.

En este taller se propone como ejercicio ver y analizar la película *Buscando a Nemo* o *El Rey León* (para niños en edad escolar) y la película *En busca del destino* para liceales.

El ejercicio se desarrolla siguiendo esta secuencia:

- Se trabajan los roles de Marlin (padre sobreprotector o figura materna), Nemo (hijo) y Gill (figura paterna, líder). Ejemplificando el rol de Marlin y Gill en la vida de Nemo, podemos identificar nuestras actitudes que asfixian y anulan las potencialidades del niño. En Gill podemos ver la función paterna y lo que implica ser "el malo de la película".

- Al inicio, se puede trabajar con la reflexión de la pareja o padres y madres solos, con estas preguntas como disparadores:
  - o ¿Por qué tengo miedo que mi hijo sufra?
  - o ¿Por qué tengo miedo de dejarlo solo?
  - o ¿Por qué me cuesta que aprenda a andar en ómnibus solo?
  - o ¿Quién en casa es más sobreprotector y por qué?
  - o ¿Cómo podemos en casa sostener el rol del "malo" sin agotarnos y sin esperar que nos lo agradezcan?

- Luego se discute en grupos y se pone en común, incluso se pueden sumar ejemplos de la vida cotidiana donde se ven los roles en conflicto. Recordar el texto "todos somos hijos adoptivos", se puede leer en grupo y profundizar en la idea de la función del amor es adoptar a nuestros hijos biológicos y no biológicos en los hechos concretos y cotidianos.
- La persona y/o la pareja puede acordar modos de reaccionar y actuar frente a estos roles, reconociendo sus fortalezas y debilidades.
- Si trabajo con la película *En busca del destino*, se puede abordar la vida de Will (Matt Damon), antes de conocer a su psciólogo quien lo ayuda a descubrir sus talentos y a no tener miedo de amar. Para trabajar con adolescentes y jóvenes es muy útil ya que los ayuda a comparar la vida que pasa sin hacer nada creativo, que los deja deprimidos y vacíos, con la vida que Will elige vivir, animándose a amar, a curar las heridas del pasado y a elegir su futuro.

Taller ¿matarse trabajando?

En este tercer encuentro se propone favorecer el diálogo y los encuentros positivos con los hijos en el contexto de la dependencia a la libertad: "Me mato trabajando para que no te falte nada".

En este taller se propone como ejercicio ver y analizar la película *El hombre bicentenario* o *Identidad sustituta*. También se puede trabajar con la canción "No cambiás más" del Cuarteto de Nos.

El ejercicio se desarrolla siguiendo esta secuencia:

- Se pueden usar las películas citadas como disparadores para que los participantes respondan a estas preguntas:
  o ¿En qué aspectos de mi vida estoy viviendo como un robot?
  o ¿Qué puedo hacer para cambiar?
  o ¿Soy yo mismo o va a trabajar un clon de mí mismo?
  o ¿Sigo siendo un clon cuando llego a casa?
- Cada pareja charla sobre estas preguntas y luego se hace la puesta en común guiándose por estas otras preguntas:
  o ¿Vivir para trabajar o trabajar para vivir? ¿Vale la pena matarse trabajando?
  o ¿Qué ofrecemos a nuestros hijos al retornar al hogar luego de nuestras horas de trabajo?
  o ¿Cómo estamos emocionalmente? ¿Estamos disponibles?
  o ¿Cómo humanizarnos en nuestro lugar de trabajo? ¿Hacer o ser con el otro?
  o ¿Lo que hago me aleja de lo que soy?
  o ¿Cómo educar a nuestros hijos adolescentes en el hoy?
  o ¿Qué cambio puedo hacer esta semana?
  o ¿Puedo llegar una hora antes del trabajo?

Taller proyecto de vida: ser feliz es desear menos

En este cuarto encuentro se propone trabajar el optimismo y entusiasmo como las claves existenciales para sostenernos y restaurarnos en los vínculos de familia, entre educadores, para poder transformar a nuestros hijos en personas resilientes, autotrascendentes y con un proyecto de vida sólido.

En este taller se propone como ejercicio ver y analizar la película *La Sociedad de los poetas muertos*.

El ejercicio se desarrolla siguiendo esta secuencia:

* Charlar en subgrupos usando como disparadores estas preguntas y luego hacer la puesta en común.
  o ¿Cuáles son nuestros proyectos de vida?
  o ¿Cómo es la vida del profesor Keating? ¿Cuál es el sentido de su vida?
  o ¿Cómo es la vida de los alumnos antes de conocer al profesor Keating?
  o ¿Cómo hace el profesor Keating para entusiasmar a sus alumnos?
  o ¿Qué lo hace un "profesor diferente"?
  o ¿Cómo cambia a los alumnos, las clases y el vínculo con el profesor Keating?
  o ¿En qué aspectos de mi vida como padre/maestro/director, me parezco al profesor Keating hoy?
  o ¿Qué es lo que hace que cuando llego cansado y con ganas de renunciar, me vuelva la energía y la motivación?

También se puede trabajar con la canción "Hoy puede ser una gran día, de Serrat, o "Me vieron cruzar la calle", de Calle 13.

* Escribir en una hoja, tres proyectos o "proyectitos" que se tiene para el próximo año. Luego compartir con el grupo.

- Al finalizar el encuentro, se visualizan actitudes y hechos que llevan a hacer realidad los proyectos. Y se reflexiona sobre lo que se está haciendo ahora para que los proyectos se hagan realidad.
- Cuando las personas comparten sus proyectos, se vuelven cómplices de su felicidad.

Somos ahora compañeros de camino por lo que puedo ayudar al otro (pareja, alumnos, compañeros de trabajo) a hacer realidad su proyecto. No puedo hacer la "vista gorda" y deslindarme del proyecto de aquel que justamente también me ayudará a realizar los míos. Somos compinches de futuro compartido.

Talleres para educadores. Optimismo sólido para docentes

Prevención de la fatiga por empatía y del burnout

En este taller se pretende generar un ámbito de encuentro grupal y personal. Es un taller teórico vivencial, en el que, a través de la escritura terapéutica, se da el espacio personal necesario para realizar cambios y sostenerlos durante el año lectivo. Se trata de cuidar a los que cuidan, de motivar desmotivados.

El taller tiene por objetivo fortalecer a la persona, su desarrollo personal y grupal, y promover la motivación de trabajar con sentido y optimismo, revitalizando y reeditando cada uno sus propias capacidades y fortalezas en la construcción de una actitud sólida y positiva.

La intención es llegar al mundo afectivo y emocional de manera constructiva, ayudando a recuperar el entusiasmo por la tarea. Es una invitación a salir de la fatiga cotidiana y recuperar la alegría de vivir.

Incluye, brevemente, una explicación de la base teórica de la logoterapia y un énfasis en la actitud hacia el sentido del trabajo.

Se presentan y analizan los "motivos de desgaste" del trabajador, motivos que incluyen la multiplicidad de roles en la vida actual, la necesidad de estar "hiperconectado" y el confundir "empacho" con felicidad.

Después de este análisis sociocultural, salpicado con anécdotas y chistes que aclaran el panorama, se aborda la situación de burnout (síndrome del quemado), analizando los síntomas, como la falta de libertad, de creatividad y de valoración de los vínculos y de la tarea.

Como salida al burnout se presenta la actitud optimista, se analiza que dicha actitud se contagia al igual que el pesimismo. El taller culmina con un video breve que deja en claro que si uno llega a su trabajo dando lo mejor de sí, todo cambia en su entorno y se vuelve más efectivo y feliz.

Temática a abordar

1. Motivos del desgaste en nuestra vida actual.
   - ¿Por qué y de qué estamos cansados y fatigados?
   - ¿Qué nos lleva al desgaste existencial actual?
   - Razones que explican el burnout.

2. Cuidando a los que cuidan: prevención de fatiga por empatía
   - ¿Cómo hacer para recuperar la alegría y las ganas de vivir?
   - ¿Ser optimista es una actitud o un conocimiento?
   - Claves para cambiar de actitud y desde el optimismo sólido vivir con sentido y en plenitud.
   - Restaurar las cuatro dimensiones de la persona para recuperar el entusiasmo.
   - Dimensión biológica, psicológica, social y existencial.

3. ¿Puede el docente ser pesimista?
   - ¿Cómo educar de manera proactiva y no defensiva?
   - Los alumnos de hoy día, ¿entran educados al aula?
   - Hacia un optimismo sólido para educar con firmeza y amor
   - El pesimista, ¿doma o educa? (Savater)
   - El descuido docente, ¿cómo puede repercutir en el aula, en la familia, en el trabajo?
   - El educador es un frustrador. ¿Cómo hacer para sostener la frustración sin frustrarnos nosotros?
   - ¡Usted es el experto! Devolvernos la "experticia", es decir, la capacidad para ser padre, médico, psicólogo y asistente social de nuestros alumnos.
   - Lo que cura es el vínculo. Educar desde la presencia afectiva y cercana.

246

ESTIMADO LECTOR

Este libro está escrito desde mi formación como logoterapeuta y terapeuta existencial. Si usted tiene una muy buena relación con su terapeuta (más allá del enfoque teórico) en la que puede hablar de lo que le pasa de manera fraterna y constructiva, entonces, esa es la mejor terapia para usted.

Como dice Rollo May, "ser cognitivo, rogeriano, psicoanalítico o gestáltico" son solo "pecados menores". El paciente no está para confirmar la teoría del psicólogo sino para ser ayudado. Las teorías no curan a nadie, lo que cura es el vínculo.

Si usted tiene una muy buena relación con su terapeuta pero en este caso su terapeuta es su pareja, su amigo, su profesor o maestro; no tome en cuenta el párrafo anterior que va dedicado a los psicoterapeutas, es que les (nos) gusta que nos traten preferencialmente... no diga nada.

GRACIAS

Gracias por haber llegado al final de estas páginas. Si usted desea enviarme un mail con sus reflexiones a partir de su lectura, quedaré muy agradecido y me serán de gran utilidad para futuras ediciones o libros.

alejandro@logoterapia.com.uy

LIBROS QUE ME CUIDARON Y CURARON

ACEVEDO, G. *El modo humano de enfermar*. FAL, Buenos Aires. 1996.

BALAGUER, R Y CANOURA C. *Hiperconectados*. Santillana, Montevideo, 2010.

BAUMAN, Z. *Vidas de consumo*. FCE, Buenos Aires, 2008.

BARYLKO, J. *El miedo a los hijos*. Emecé, Buenos Aires, 1999.

BERGER, F. *Entre padres e hijos*. Planeta, Montevideo, 2012.

BINSWANGER, L. *Artículos y conferencias escogidas*. Gredos, Madrid, 1973.

BLEICHMAR, S. "Subjetividad en riesgo" en *Violencia social - Violencia escolar*. Noveduc, Buenos Aires, 2012.

BUBER, Martin. *Yo-Tú*. Nueva Visión, Buenos Aires, 1979.

D'AVENIA, A. *Blanca como la nieve, roja como la sangre*. Grijalbo, España, 2010.

DE BARBIERI, A. *Economía y felicidad: una vida con sentido*. Fin de Siglo, Montevideo, 2012.

DÍAZ, C. *Valores y Logoterapia*. Crecemos, México, 2013.

_____. *El maestro justo*. Instituto Tecnológico Superior, México, 2007.

DÍAZ BERENGUER, A. *La medicina desalmada*. Trilce, Montevideo, 2004.

FRANKL, V. E. *El hombre en busca de sentido*. Herder, Barcelona, 1991.

_____. *Psicoanálisis y existencialismo*. FCE, México, 1997.

GARCÍA, J. J. *Somos lo que hacemos*. Conecta, Montevideo, 2012.

HONORE, C. *Bajo presión*. Ed. Del Nuevo Extremo, Buenos Aires, 2008.

JAIM ETCHEVERRY, G. *La tragedia educativa*. FCE, Buenos Aires, 1999.

JUNGER, A. *El método CLEAN*, Grijalbo, 2009.

LUKAS, E. *Paz vital, plenitud y placer de vivir*. Paidós, Barcelona, 2001.

MARAI, S. *El último encuentro*. Salamandra, Barcelona, 1999.

MAY, R. *Amor y voluntad*. Gedisa, Barcelona, 1985.

_____. *La necesidad del mito*. Paidós, Barcelona, 1998.

NAOURI, A. *Padres permisivos, hijos tiranos*. Ediciones B, Barcelona, 2004.

NUSSBAUM, M. *Sin fines de lucro. Por qué la democracia necesita de las humanidades*. Katz, Buenos Aires, 2010.

PAZ, O. *Los signos en rotación y otros ensayos*. Altaya, Barcelona 1995.

PETER, R. *Líbranos de la perfección*. Ediciones LAG, México, 2001.

ROZITCHNER, A. *Ganas de vivir*. Sudamericana, Buenos Aires, 2010.

SAVATER, F. *El valor de educar*. Ariel, Barcelona, 1996.

SELIGMAN, M. *La auténtica felicidad*. Ediciones B. Buenos Aires, 2003.

_____. *Aprenda optimismo*. Debolsillo. Buenos Aires, 2012.

SINAY, S. *¿Para qué trabajamos?* Paidós, Buenos Aires. 2012.

_____. *La sociedad de los hijos huérfanos*. Ediciones B, Buenos Aires, 2007.

YOUNG, P. *La renovación del espíritu*. Paidós, Buenos Aires, 1998.

YALOM, I. *Mamá y el sentido de la vida*. Emecé, Buenos Aires, 1995.

ÍNDICE

Educar sin culpa, de Alejandro De Barbieri
se terminó de imprimir en junio de 2018
en los talleres de
Litográfica Ingramex, S.A. de C.V.
Centeno 162-1, Col. Granjas Esmeralda, C.P. 09810
Ciudad de México.